星耀闽海

侯真平　主编

U0888003

黄道周

从沧海到高山

郑晨寅　著

海峡出版发行集团 THE STRAITS PUBLISHING & DISTRIBUTING GROUP | 鹭江出版社

2024年·厦门

图书在版编目（CIP）数据

黄道周：从沧海到高山 / 郑晨寅著 . -- 厦门：鹭江出版社，2024.8

（星耀闽海）

ISBN 978-7-5459-2282-0

Ⅰ. ①黄… Ⅱ. ①郑… Ⅲ. ①黄道周（1585-1646）- 传记 - 青少年读物 Ⅳ. ① K827=48

中国国家版本馆 CIP 数据核字 (2024) 第 104604 号

出 版 人 雷 戎
策划编辑 林凤来
责任编辑 齐艳艳
美术编辑 林烨婧
装帧设计 赵释然

HUANGDAOZHOU:CONG CANGHAI DAO GAOSHAN
黄道周：从沧海到高山

郑晨寅 著

出版发行：鹭江出版社
地　　址：厦门市湖明路 22 号　　邮政编码：361004
印　　刷：福州德安彩色印刷有限公司
地　　址：福州金山工业区浦上园 B 区 42 栋　　联系电话：0591-28059365
开　　本：890mm×1270mm　1/32
印　　张：5.5
字　　数：191 千字
版　　次：2024 年 8 月第 1 版　　2024 年 8 月第 1 次印刷
书　　号：ISBN 978-7-5459-2282-0
定　　价：25.00 元

序

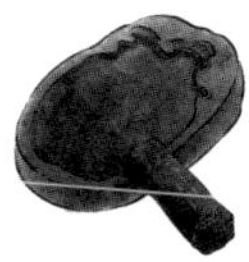

闽海何泱泱，涛声连五洲。数千年来，生于闽海边长于闽海边的一代代闽人，不为群山和汪洋所困，毅然把目光投向大海，投向辽阔的世界，在更广阔的人生大舞台上实现理想与抱负。海水筑梦，碧波有情，闽人之光，闪耀沧溟。闽人的智慧、血性与风骨集中地体现在一代又一代闽人先贤身上。“星耀闽海”丛书甄选一批具有代表性的闽人先贤的故事，以传记的形式呈现他们在海中闽地的成长经历，以及由此生发出的精神风骨、智慧视野，希望青少年读者可以从先贤的成长历程中得到启示和激励，汲取榜样的力量，养成热爱家国、向上向善的品质，树立远大的人生志向。

“星耀闽海”丛书中的《黄道周：从沧海到高山》《黄道周：世间真有完人在》以黄道周为主角。他是明朝末年名满天下的道德楷模、大学问家、大书法家。他出生于漳州府漳浦县铜山（今东山县铜陵镇），并在这里度过童年、青少年时光，后迁居顿坑（今云霄县境内），二十五岁起定居漳浦县城，这时他已经相当博学，令漳州的文化精英们为之惊叹，而与这些精英的交流更充实了他的学问。后来他考上举人，中了进士，进入翰林院，登上政治、文化舞台的中央，在崇祯朝官至少詹事（皇太子的属官，正四品），在弘光朝升任礼部尚书（正二品），到隆武朝升任首辅（首席大学士，正一品），以忧国忧民之心陆续对朝廷政治提出一些具有重大影响的建议，为此触犯执政者，被廷杖八十，关进监狱一年半，备受拷打逼供。他在隆武朝自请督师出关、招募志士，率领万人义师北上江西、安徽抗击清军，弹尽粮绝，战场被俘，誓死不降，慷慨就义。他的人品、学问，在生前、身后赢得了很高的声望。他贫贱不能移、富贵不能淫、威武不能屈的高尚人格与广博专精的学问，以及遒媚浑深且追求创新的书法艺术，使他成为中国历史文化名人。

他是中国的历史文化名人，自然是福建省的，更是漳州市的文化名片。他的足迹曾留在今天的漳浦县、东山县、平和县、云霄县和龙海区等地，是这些地方引以为傲的传统文化富矿。

简而言之，他的成就和历史影响是这样的：

第一，他是明朝末年的道德楷模，是廉洁自律、正直敢言的诤臣，是天下士子的精神领袖，是宁死不屈、慷慨就义的民族英雄。

第二，他是《诗》《书》《礼》《易》无所不通的大学问家。他的学问基本上囊括了当时的百科知识，他还是明、清以来一千多位《易经》研究者中三位有创见的学者（其中一位是他的弟子）之一。他在学术上影响很大，一生培养学生四五百人，其中很多人学有所成，名动一时，如“百科全书派学者”方以智，会通中学西学的学者陈荩谟，实学思想家张履祥，明末文学家、实学学者陈子龙等。此外，明清之际的大思想家黄宗羲自称是黄道周的私淑弟子（指虽然没有正式从学，但实际上有继承关系的学术传人）。

第三，在书法方面，他是“晚明六大家”之一，遒媚浑深的楷书、行草（包含章草）独树一帜，刷新书法风气，在当时就非常有名，直接影响了近现代书画大家吴昌硕、沈曾植、潘天寿、沙孟海等，其影响甚至波及当今整个书法界。

他因人品、学问、书画造诣而得到后世的尊敬。

对于黄道周这种备受当时和后来人们尊敬的泰山北斗式的历史文化名人，我们不妨用北斗七星中的天权星（别称文曲星）比喻他的成就与影响，可以说他是从东南沿海的福建漳州地区冉冉升起的历史文化明星。

他如何在青少年时代就成为名震一时的“闽海才子”？他是如何在后来对《易经》的研究中获得专精创见的？他是如何研习书法绘画，刷新书法绘画风气，成为影响至今的大书画家的？他是如何成为明朝末年道德模范的？

郑晨寅教授，是黄道周研究专家，在中国古典文学、历史、哲学的研究上颇有造诣。他为孩子们撰写的《黄道周：从沧海到高山》《黄道周：世间真有完人在》不仅详细生动地回答了上述问题，还旁及多个学科的知识，行文趣味横生，富于启迪。希望孩子们通过阅读黄道周的故事，了解他的成长过程，感受他的智慧与格局，从中受到启发和激励，找到解锁自己人生的钥匙。

侯真平

2024 年 7 月 12 日于厦门大学

（侯真平，曾任厦门大学古籍整理研究所副所长、厦门大学出版社副总编辑，知名黄道周研究专家。）

目录

引　言

高山，以其巍峨耸立而令人仰望；大海，以其浩瀚莫测而引人遐思。福建多山，有“八山一水一分田”之称；又地处东海之滨，《山海经》载“闽在海中”。明代，有一个博学善思、志向高远的福建少年，从闽南的海边出发，一生跨越许多长河，登临无数高山。他渊博的学识，如大海一般深广；他卓越的品行，成了那个时代的高峰。他，就是黄道周。

第一章 海边有奇石

漳州是福建最南端的州郡，紧邻广东。在漳州的南端，有一个美丽的小岛，其形如蝶，故称蝶岛，其东有山陵突起，故也叫东山岛。岛上有一块硕大的石头，面朝大海，栉（zhì）风沐雨，不知存在了几万年。今天，游客到东山，除了欣赏碧海、蓝天、金沙、白鸥，更会慕名去寻访这块据说会随风而动的石头——风动石。人们走近时，会看到在这块石头的醒目位置上刻着三个忠贞爱国、舍生取义之人的名字——黄道周、陈璸（bīn）、陈士奇，因此这块石头也叫“三忠臣石”，其中，陈璸、陈士奇是黄道周的学生。天风海涛石不语，而我们不禁想问：是一种什么样的力量，能令后人把他们的名字镌刻在这块神奇的石头上？又是一位什么样的老师，能让学生跟随他一起慷慨就义、史册流芳？

让我们把目光投向四百多年前，那个风雨飘摇的时代。

那时的东山岛，既是漳浦县所属的辖区，也是一个防御倭寇与海盗的海防要塞，称“铜山守御千户所”，取铜墙铁壁、固若金汤之意。明代初年，朝廷在全国沿海实行卫所军事制度，在漳州设镇海卫，下辖三个守御千户所，除漳浦的铜山、陆鳌（今六鳌镇）外，还有诏安的悬钟（今梅岭镇玄钟村）。

在铜山水寨的东门，有一个小院落，院中有一口深井，井水甘洌。铜山是海岛，淡水资源不多，这口井就成为四邻共同的汲水之处。此时，在庭院的堂屋里，有一个男子正在不停地踱步，焦急地等待新生命的降生。

这名男子姓黄，名季春，字嘉卿。就在前一日，黄嘉卿的妻子陈氏因十月怀胎，行动不便，正在家中休息，忽然门口数百米外的风动石轰然倒下，竟落入她的怀中，她大声惊呼，从梦中惊醒。她醒来后感到腹中阵痛，连忙让黄嘉卿请来接生婆王婶和两个邻居阿嫂。很快，女人们便在里屋忙碌起来，只留下黄嘉卿一人在堂屋候着。

不知来回走了多久，黄嘉卿终于停下脚步，望向西墙上挂着的已蒙上一层灰尘的长剑；他又看了看东窗的书桌，残烛下书卷凌乱地堆放着，不禁发出一声长叹。

黄氏原为军籍，祖上从莆田的平海卫莆禧（今秀屿区山亭镇蒲禧村）守御千户所移调至铜山，到嘉卿这一代已有五世，那把剑正是黄嘉卿先祖传下来的遗物。经过几代繁衍，人口增多，军人后代中并非每个男丁都要服兵役，到了嘉卿这一代，这把剑更多是这个家族的记忆罢了。他空闲时喜欢舞刀弄剑，强身健体，毕竟海疆多故，特别是自嘉靖以来，倭患猖獗，铜山屡有烽火；同时他还勤于读书，通过博览群书看到更广阔的世界，这是他与父辈的不同之处。他曾暗暗发誓，要让自己的孩子读书应举，走一条与祖上不一样的道路。可是，长期以教书为业的岳父却泼他冷水："科举之路，谋事在人，成事在天，难啊！"

就在他胡思乱想之际，里屋突然传来一阵嘹亮的婴儿啼哭声，犹如雄鸡初啼，划破万历十三年（1585）早春二月初九凌晨的寂静。这一年是乙酉年，本年出生的婴儿生肖属鸡。王婶小跑出来，笑呵呵地对黄嘉卿说："恭喜恭喜，又添新丁啦！"

黄嘉卿为了纪念妻子梦石入怀一事，给儿子取了乳名"小石头"，族谱字辈名为"士瑛"。瑛者，似玉之美石也，这也和黄嘉卿大儿子"士珍"的名字相承（数年后，黄嘉卿有感于"士志于道"，将两个儿子的名字分别改为"道琛（chēn）""道周"）。

不过他们夫妻没想到的是，有朝一日这个小石头的名字会刻在他母亲梦中的那块大石头上，流传百世。后来，黄道周又有"石斋""石史""石道人""漳海石人"等别号，或许是由此而来。

第二章 家门口的武庙

小石头没有人如其名，拥有像石头一样结实的体格，反倒是柔弱多病。刚满周岁，小石头便染上热疾，陈氏日夜不眠地照料，到处求医问药，但小石头的病情依然没有什么起色，而此时黄嘉卿又出门远游，不知所终。稚子身上疾，慈母心头恙！陈氏将自己的面颊紧紧贴着小石头滚烫的脸，似乎觉得这样能吸走孩子身上的一些热量，让孩子重新露出甜甜的笑容。可是，小石头依然紧紧抿着小嘴，难受地小声哼着。

王婶说：“要不，去关二爷那边问问？”

也只能如此了。于是，陈氏抱着小石头，踉踉跄跄地向离家不远的关帝庙奔去。

王婶口中的“关二爷”，就是三国时期的英雄人物关羽。从《三国志》到《三国志通俗演义》，在儒家正统观念与民间传说的长期交互影响下，武艺高强的关羽因坚守忠义原则、维护仁君正统等特性，其事

迹被逐渐神化，最终超越三国时期乃至历史上其他阶段骁勇过人的武将，成为众将之魁首。唐宋时期，关羽已配祀武庙，明代更是进入国家祭典，朝廷累次敕封关羽，在民间建了大量主祀关羽的武庙。东山关帝庙如今已成为我国四大关帝庙之一，雕梁画栋，金碧辉煌，香火鼎盛，也是台湾关帝信俗的发祥地。但此时陈氏要去的关帝庙还只是一个小庙，是最早一批驻防东山的军士在明初洪武年间从北方带来的行业神明，因为关羽是“武圣人”，能保佑官兵打仗得胜。

跨入庙门，看着神座上不怒自威的关公像，陈氏扑通跪下，双手合十，说道：“关二爷，请您保佑我孩儿，让他早点好起来吧！”庙祝是一位老阿伯，他给陈氏开了一个药方，让她去按方抓药。也许是心诚则灵，也许是服下的青草药真的有效，第二天，小石头逐渐退烧，又露出刚长出的两颗小虎牙，冲着母亲微笑，陈氏不禁喜极而泣。

因为这件事，长大后的黄道周，对关羽其人、关帝其神有更加全面而深入的认知。《礼记·祭法》中记载：“法施于民则祀之，以死勤事则祀之，以劳定国则祀之，能御大灾则祀之，能捍大患则祀之。”对国家、人民作出贡献、付出牺牲的人，国人不会忘记。《周礼·大司乐》中也记载：“凡有道者、有德者，使教焉；死则以为乐祖，祭于瞽宗[1]。”生前为师，死后为神，体现了人们对道德高尚者的尊崇。《论语》中记载：“慎终追远，民德归厚矣。”又载：“祭神如神在。”由此可以看出，中国民间信俗本质上仍是一种人文信仰，其核心可以用八个字来概括：尊天敬祖、崇德报功。在明末，国家大一统遭遇严峻挑战之时，关帝信俗更值得提倡。崇祯八年（1635），黄道周挥毫为故乡的关帝庙题写对联：“数定三分，扶炎汉，平吴削魏，辛苦倍常，未了一生事业；志存一统，佐熙明，降魔伏虏，威灵丕振，只完当日精忠。”这或许有他儿时祈安得佑的感恩，但更多的是在国家内忧外患之际匡扶中华、维护一统的情感寄托。如今，这副对联也成为诸多台湾信众来东山寻谒祖庙的信物。文化超越时空的力量，由此可见一斑。黄道周曾在《广名将传》里这样评

① 瞽宗：殷代乐人的宗庙和学校。

价关羽:“关羽纯忠，一心汉主；受害一朝，垂名千古。”这也可以视为他自身的写照。

东山岛上除了有武庙，还有文庙。文庙又称孔庙、夫子庙，是历朝历代祭祀至圣先师孔子的庙宇，也是县一级以上行政区域的文教标配，如漳州府文庙建于北宋仁宗庆历四年（1044），漳浦县文庙建于北宋神宗熙宁三年（1070）。在黄道周生活的年代，铜山归属漳浦，按道理是不能再另建一座文庙的。其实，铜山文庙由明代正德年间当地一位名叫武守为的乡绅出资所建，既作为家塾，教育本族子弟，又祀拜孔子，礼敬圣贤，所以本地人也称它作“圣殿”“文庙”，颇合“庙学合一”的传统模式。后人在此基础上建东壁书院、崇文书院，万历年间改为社学，小道周正是在此就读，那一年，他虚龄五岁。小小年纪的他当然不会想到，数百年后，人们在这所社学的旧址上，建造了一座黄道周纪念馆。

第三章

好问的学生

作为母亲，陈氏是最早发现黄道周颇具读书天分的人。小道周尚在襁褓时，偶有哭闹，陈氏便一边忙着女红（gōng），一边随口吟诵《诗经·蓼莪（lù é）》：“蓼蓼者莪，匪莪伊蒿。哀哀父母，生我劬（qú）劳。”这时他就瞪圆了双眼，安静下来，好像听得懂一般。等小道周再长大一些，陈氏便试着教他《三字经》，而他居然在短短几天内全篇成诵。于是等他到了五岁，陈氏便让他就近入学，坐在一群邻家哥哥前面，听社学里的主讲何先生授课。

进了社学，小道周觉得什么都新鲜：堂屋很敞亮，四面共有八扇窗户，比家里的厅堂大多了；西面墙上挂着一把约三拃（zhǎ）① 长的黝黑的竹尺，这应该就是传说中能令淘气孩子心生怯意的戒尺了；北面有一面屏风，正中悬挂着一幅长胡子老人的画像，画

① 拃：量词，指张开大拇指和中指（或小指）两端的距离。

像中的老人慈眉善目，拱手而立，仿佛要告诉孩子们什么道理。何先生在屏风前面的讲席上正襟危坐，微闭双眼，略显严肃。

开学第一日先生要讲《论语》，首篇即为《学而》，只见他摇头晃脑地吟诵第一章。“子曰：‘学而时习之，不亦说（yuè）乎？有朋自远方来，不亦乐乎？人不知而不愠（yùn），不亦君子乎？’”

于是孩子们七嘴八舌地跟着读了几遍。接着，先生又开读第二章。“有子曰：‘其为人也孝悌，而好犯上者，鲜矣；不好犯上，而好作乱者，未之有也。’”先生读到最后一个“也”字时，拖着长音，让小道周觉得很有趣。

第三章很短，不过对小道周来说，意思不太好理解。“子曰：‘巧言令色，鲜矣仁！’”先生解释说，这是叫人要老实本分。

然后，先生开始读第四章。“曾子曰：‘吾日三省吾身：为人谋而不忠乎？与朋友交而不信乎？传不习乎？'"

先生说："今天就读这四章，如曾子所言，'传不习乎'，明天我要检查诸位能否熟读成诵。现在有什么问题，可以发问。"

孩子们都在忙着收拾文具，没人提问，心里惦记着今日家人会煮什么好吃的。这时，小道周起身向先生行了个礼，用稚嫩的嗓音问道："请教先生，为什么孔子教人要好好读书，'学而时习'，但是有子却教人要'孝悌'，这两者是什么关系呀？孔子教人要老实，而曾子却教人要反省自己，哪一个更重要呢？"

何先生教书多年，尚未有学生如此发问，一时不知如何回答。他思忖了一下，说："士瑛所言颇有见地，各位可以回去思考，明日我们再来解说。"

回到家中，小道周绘声绘色地向母亲讲述当天

上课的诸般情形，母亲夸奖道：“会提问题的学生才是好学生。学习就是要善于思考，敢于质疑。”她耐心地向小道周解释道，《论语》原是语录体，是孔子及其弟子言语、对话的合集，上下句之间不一定有严密的关系。《论语》共二十篇，各篇大体有各自的主旨，如首篇《学而》主要讲为学之道，学习不只是学典籍文字，更要学孝悌、行仁义，人人皆可通过学习成为圣贤。陈氏接着说：“大儒朱子的《论语集注》注解首章，说得清楚明白：‘学之为言，效也。人性皆善，而觉有先后，后觉者必效先觉之所为，乃可以明善而复其初也。’”小道周认真地听完，说：“我知道了，这就是《三字经》开头所说的‘人之初，性本善’吧！”陈氏摸摸儿子的头，高兴地笑了。后来黄道周一生服膺“性善论”，创“乐性说”，在邺山书院[①]建“与善堂”，凡此皆与其从小习闻“性本善”“明善复初”不无关系。

后来，黄道周的弟子们出于对恩师的尊敬爱戴和对其学识的佩服，常说恩师出生时“命直南斗[②]，次于奎初[③]”，把黄道周说得似乎天赋异禀、魁星转世。其实，黄道周有如此渊博的学识，主要是因为他从小好学善问、勤于记忆、学思结合，同时还得益于良好的家教。

黄道周的外祖父是一位饱学开明之士，不像闽南当时大多数人家一样重男轻女，对女儿同样尽心教

① 邺山书院：黄道周创办的讲学处，位于漳州东郊九龙江北溪西岸的邺侯山下。今书院建筑已无存，仅保留一些屋宇基础和摩崖石刻。

② 南斗：指二十八星宿中的斗宿，古人认为可主宰相爵禄之位。

③ 次于奎初：指南斗的斗柄指向主宰天下文运的奎宿的初度，古人认为二十八星宿各占有一定的度数，合计三百六十五度。

诲，所以陈氏从小就熟读诗书，对经、史、子、集都有所涉猎。出身于书香世家的她一生尊崇先师孔子，对儒家经典，尤其是《四书》十分熟悉。黄家并不富裕，而黄嘉卿又好漫游四方，一年在家时间不过数月，所以操持家务、教育孩子主要有赖于陈氏。陈氏教育孩子宽严有度，小道周毕竟是孩子，有时难免懈怠，这时她会略加惩罚，使小道周保持良好的学习状态。

入学第二年，黄道周对《论语》已熟读成诵。黄嘉卿直至腊月二十九才归家，风尘仆仆，衣裳破旧，刚好遇到邻居李婶来家里和陈氏一起做针线活。李婶抖抖手中刚做好的新衣，开玩笑地说："黄郎这是怎么了？穿着破衫破裤，新年如何见客呀？"黄嘉卿不免有些尴尬，小道周在旁边听了，朗声说："子曰：'士志于道，而耻恶衣恶食者，未足与议也。'"这是《论语·里仁》里面的一句话，用于此处甚是贴切，不只李婶啧啧称奇，黄嘉卿也大为惊异，直呼好一个“士志于道”！于是他决定以“道”易“士”，将两个儿子的名字改为“道琛”“道周”。“琛”者，珍也；而“道周”的“周”，或许与《诗经·唐风·有杕（dì）之杜》有关：“有杕之杜，生于道周。彼君子兮，噬肯来游。中心好之，曷（hé）饮食之？”以一棵独立于路旁的甘棠树作喻，表达了知音难觅，愿与君子同游的感慨。

不过，高兴劲儿还没过，黄嘉卿就发现小道周最近沉迷于曹植的诗，整日“高树多悲风，海水扬其波”“明月照高楼，流光正徘徊”不绝于口，这让他沉思良久。一方面，小道周的早慧是显而易见的，李婶已经八岁的儿子小海螺还在哭闹着要吃大螃蟹，六岁的小道周却缠着陈氏给他讲解曹植的名篇《洛神赋》；另一方面，如何引导小道周阅读更有价值的书，却是要详加考虑的。黄嘉卿认为对孩子的教育不能拔苗助长，要因材施教，于是，他做了一个决定：年后，去给小道周买一些新书。

第四章 初读朱子书

黄嘉卿要买的书主要是朱熹的《资治通鉴纲目》。

朱熹（1130—1200），字元晦，世称朱子，是继孔子之后又一集大成式的大儒。他力主抗金，渴望恢复中原，更怀着强烈的文化担当意识，博览群书，遍注经典，致广大、尽精微，综罗百代，尤其发展了北宋程颢、程颐兄弟的理学思想（故后世有“程朱理学”之称），主张格物致知、正心诚意，克制泛滥的欲望，复归天命之善，这本是针对当时帝王权贵穷奢极欲、剥削民脂民膏的行为而提出的主张。他对二程的“存天理，灭人欲”解释得很清楚：“饮食，天理也；山珍海味，人欲也。夫妻，天理也；三妻四妾，人欲也。”但后来这一主张被统治者转手变成束缚百姓的工具，所以朱子的学说常被人们误解，这也是他所始料未及的。

朱熹与闽南渊源很深。他十九岁中进士，二十四岁首次出仕，即到泉州同安县当主簿，在同安任上，他深切了解民间疾苦与社会现实，开始努力摆脱佛老思想的影响，转向二程理学。南宋绍熙元年（1190）四月，六十一岁的朱熹出任漳州知州，积极推行正经界、节民力、兴教化、易民俗等诸多善政，漳州从此有了“海滨邹鲁”之称，漳州人皆以“紫阳过化”为荣。朱子还曾在漳州任上刊刻“四子”书，按《大学》《论语》《中庸》《孟子》的顺序，并附录程子读书之法，是“五经”之后、北宋以来“新儒学”经典——《四书》学史上的重要版本，被后世学者称为“临漳版《四书》”。

在史学方面，朱熹在司马光史学名著《资治通鉴》的基础上，订正错误，删繁就简，发扬《春秋》“大一统”观念，按照时间顺序记载史事，编撰成《资治通鉴纲目》。全书以“纲目”为体，每记一事，先列提要，即“纲”；随后叙述具体内容，即“目”。因《资治通鉴纲目》一书纲举目张，且内容仅为《资治通鉴》的五分之一，故在士林、民间流传颇广。

因为铜山当时没有比较大的书肆，黄嘉卿选了一个好日子，去漳州城购书。他这次进城除了买《资治通鉴纲目》，还购置了朱熹的《周易本义》《近思录》《诗集传》《楚辞集注》等著作，以及《尚书》《春秋三传》等儒家经典，装了满满一筐。返程时，刚好有两个到漳州售卖海鲜干货的同乡要一道回铜山，于是黄嘉卿请他们帮忙扛书。竹筐里的书都堆满了，盖子盖不上，黄嘉卿就拎着盖子，背着其他行李跟在两个同乡后面。大家走了一段长路，得休息一阵子，两个同乡或坐或卧于路旁，黄嘉卿却恭恭敬敬地拱手站在竹筐边。路人诧异地问："你这是在做什么？是在等哪位官人或长者吗？"黄嘉卿庄重地说："我在守护这些书籍。这里面蕴含着圣贤精神，乃天下性命之所系，轻慢不得。"

回到家中，小道周看父亲买回来这么多新书，高

兴得捧着书终日翻阅。陈氏喊他吃饭，都要叫上好几回，他才匆匆过来扒拉几口，又赶紧跑回去看书。陈氏收拾碗筷，发现他一口菜也没吃，就笑着说：“以后不用吃饭了，吃书就饱了，真是个小书虫！”

第二天，黄嘉卿开始为小道周讲解《资治通鉴纲目》，在陈述史事的同时，结合朱子的褒贬大义，讲到激动处，不禁拍案而起。黄道周虽然尚年幼，但已能分辨忠奸邪正，略晓王道仁政，初步形成了自己的历史观与价值观。后来他中进士，入翰林院，也成为“太史公”（史官），参与编写《神宗实录》，撰述历代名臣事迹《懿畜编》，为包括诸葛亮在内的诸多贤人作《五十六贤赞》，等等，都可以看出这部“升级版的《资治通鉴》”——《资治通鉴纲目》对他的影响。

孟夏草木长。转眼之间，黄嘉卿又要出门远游，而铜山社学的何先生看来已经很难再教给小道周新知识了。这时，黄道琛接到一个邀请，到离家数十里的一个小山村当私塾先生。于是，他问弟弟：“你想和我一起去山里住一阵吗？”

黄道周还从来没有离开过铜山呢！他期待地看着母亲，母亲点点头，于是他开心地蹦起来，拉着哥哥的手说：“好！”

这一年，黄道周八岁，他的哥哥黄道琛二十四岁。

第五章

遥远的回响

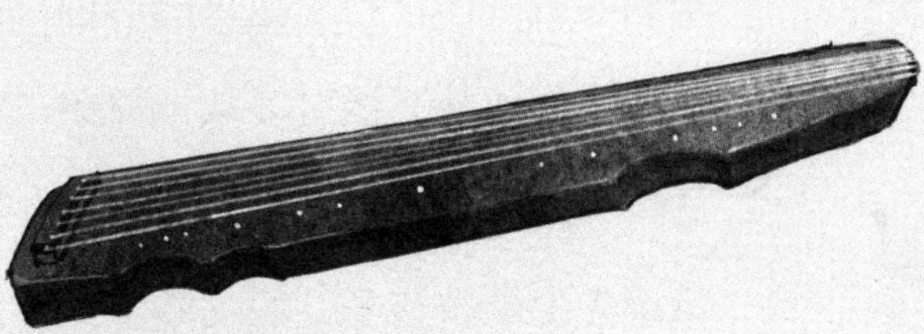

黄道琛要去的地方，叫顿坑。这个地方说远不远，距离铜山有数十里。漳州的治所最初在古绥安县的云霄，漳州之名，得自云霄境内的漳江。从铜山坐船至云霄渡，再沿漳江北上，可到渔鼓溪。渔鼓溪是乌山下漳江北溪的一条支流，沿岸有七八个村庄、数百户人家，顿坑是其中一个小山村。四百多年以后，研究黄道周的学者们来到顿坑一带考察，发现当地仍有不少与黄道周有关的遗迹与传说，圣贤辉光，于今不灭。

黄道琛自幼受外祖父和母亲教诲，在铜山且耕且读，博览群书，当个教书先生绰绰有余。他携弟来到顿坑，住在村里提供的一间草庐，这里的村民善良，学生淳朴，没过多久，兄弟二人就适应了山居生活。这个村的村民对教书先生的要求倒也不高，只希望先生能教孩子们识文断字，有助于他们日后的生计，并不奢望他们追求仕途功名。对入塾就读的学生，黄道琛采取分年龄教学的方法，对年幼的孩子教授《三字经》《百家姓》《千字文》等启蒙读物，对稍大些的孩子则教授《论语》《孟子》等儒家经典。在这里，黄道周和比他大一些的孩子一起学习汉魏六朝骈文、唐宋古文，也可以自由看书。

黄道琛此次入山，带着外祖父临行所赠的两件物事：一张琴和一口很大的柳条箱，箱子里面装满了书。外祖父的叮咛犹在他的耳边：“道琛，你弟弟读书有天分，你父亲以程朱正学教他固然不错，但‘博学于文，约之于礼’，也是孔子所提倡的，道周还小，只要大方向无误，不妨泛观博览，依仁游艺，今后的路径会更宽，你要对他多加引导。”道琛说：“谨奉教！”兄弟二人安顿好后，打开柳条箱一看，里面除了一些儒家经典书籍之外，还有《老子》《庄子》《荀子》《吕氏春秋》等诸子百家之书，以及《昭明文选》《律吕新书》《抱朴子》《云笈七签》等。黄道周如获至宝，与哥哥朝夕研读，“奇文共欣赏，疑义相与析”，乐在其中。

《昭明文选》是南朝梁昭明太子萧统编的一部诗文总集，收录先秦至梁时七百余篇诗文辞赋，其中嵇康《琴赋》一文，深受黄道周喜爱。嵇康，字叔夜，曾官至中散大夫，故亦称“嵇中散”，是中国文学史、美学史乃至哲学史上的一位奇人。嵇康身处魏晋易代之际，曹氏式微，司马氏权力渐大，对司马氏集团不满的士人多不谈论政治，转而崇尚清谈、养生、服药、饮酒乃至佯狂，以此避祸，最著名的如嵇康、阮籍、刘伶等七人常纵酒放歌于竹林之下，号称“竹林七贤”。嵇康性情傲岸，睥睨(pì nì)世俗，尤为司马氏所忌恨。阮籍为谢绝司马昭的联姻，醉卧六十日，不发一言，令求婚的使者知难而退，他的长啸，却只能迸发于无人的深山；而嵇康则作名篇《与山巨源绝交书》，表达不与司马氏合作的态度，其中愤世嫉俗的“非汤武而薄周孔”的言论，是他最终被杀害的原因之一。其实，谁才是真正非汤武、薄周孔的罪人，路人皆知。

嵇康临刑前，神色自若，别无所求，只要一张琴。他用曾经打过铁的粗糙的手轻触琴弦，琴弦颤动，等待嵇康倾尽一生的奏响。一曲终了，嵇康抚琴长叹：“《广陵散》从此绝矣！”他在他的名篇《琴赋》中，从琴的取材、制作、演奏、风格等方面呈现中国古琴之美，特别赞扬代表“礼乐之情”的“琴德”，呼唤能理解琴音、琴德的“至人”，体现出怀瑾握瑜的清高与知音难觅的孤独。也许，只有与他共同在洛阳锻铁的向秀，以及因思念他而千里奔赴的吕安，才可以称得上他的知音吧！许多年以后，黄道周在为他去世的好友张燮(xiè)撰写的《张汰沃哀词》中，特意用“吕安耦(ǒu)灌于山阳，嵇康共锻于洛邑”的典故，形容他与张燮的友情；而他抗清兵败被俘后，同样不忧不惧、从容就义，留下“天地知我，家人无忧”的名言，颇有嵇康之风。

但是，此时才十岁左右的黄道周，能读懂一千三百多年前代表“魏晋风度”的嵇康吗？能理解刘勰在《文心雕龙》里所说的“嵇志清峻，阮旨遥深”吗？很难说。但嵇康那种傲然的风骨与不幸的遭遇，应该是引起了他的共鸣。《琴赋》中写到的琴材“椅梧”生长的高山“盘纡(yū)隐深，磪嵬岑嵓(cuīwéicényán)，亘岭巉(chán)岩，岞崿(zuò è)岖崟(yín)，丹崖崄巇(xiǎnxī)，青壁万寻”，与位于云霄、诏安、平和交界处，以丛崖、幽谷、深洞、巨壑、层云著称的乌山极为相似，因此黄道周经常登山历险，极目四望，少年如斯，竟往往也如阮籍长啸，迎风流涕。山谷之中，似乎飘荡着遥远的回响。

山居客少，岁月悠长，正适合读书习文。忽然有一天，黄道琛的友人张生来访。张生通音律，善鼓琴，于是道琛取出外祖父所赠之琴，请他指点黄道周琴艺。据说，琴为上古圣王所创制，原为五弦，后为七弦，很早就进入中国先民的生活，并被赋予丰富的文化内涵。《诗经》首篇《关雎》中有“琴瑟友之”之语，《礼记》中记载“士无故不撤琴瑟”，孔子曾向师襄学琴，而代表伯牙、子期友谊的“高山流水”之音，

在千百年后犹有余响。黄道周学得很快，散音、泛音、按音的区别，擘(bò)、托、抹、挑、勾等基本手法，他几天就掌握了。张生惊奇地对黄道琛说：“令弟聪慧，不同寻常，日后成就定远胜你我。”他特意多留了几日，将琴艺倾囊相授，临别时，又送给黄道周一本用黄绫(líng)包裹着的古琴谱——《神奇秘谱》。黄道周打开一看，竟发现其中有他心心念念的《广陵散》！

终于有一天，黄道周写出了《书嵇康〈琴赋〉后》，这是今人目前所能见到的黄道周最早的文章。在文中，他发挥嵇康遗意，认为琴为礼乐之原，批评“今世之士，不复寻其德意，而重其材本”，主张琴“精要所在，神明在人，与德相宜，性情斯洽”，由此可见他寄托深远，见识不凡。

而这时，他才十二岁。

第六章

第一次出远门

在顿坑期间，黄道周常独自一人上山，偶尔在山里迷路时，他也会感到害怕，即使他知道哥哥一定会找到他。离家久了，夜深人静时，他会暗暗想念远在铜山的母亲，想着母亲应该也在灯下思念他吧。但是，顿坑安静的环境的确能使他注意力集中，思考得更加深入细致；顿坑清幽的山水也使他心情舒畅，读书效率大大提升。

黄道周十一岁那年年底，因祖母去世，兄弟俩回铜山奔丧。回到铜山后，他也找到了两处同样清静的适合读书的地方，一处在水寨大山（即九仙山），一处在风动石对面的东门屿。这两个地方，现在都成为游客追寻黄道周足迹的著名景点。对于前一个地方，黄道周在《铜山石室记》中回忆他年轻时常常一大早就登临此山，勤奋读书，直到月亮从海上升起；而后一个地方，则有后人在他读书的鹰嘴岩上刻下“石斋”两个大字，并有十六字题辞：

"先生节义，照耀今古，石室荒凉，仅存遗址。鱼跃鸢(yuān)飞，具见大道，谨署二字，以诏后人。"《诗经·大雅·旱麓》中有"鸢飞戾(lì)天，鱼跃于渊"之语，《中庸》用此句表达天理周流遍行之意。后人化用经典昭示石斋先生精神的永恒。东门屿孤处海中，需要乘船才可到达，所以黄道周每次总要带足干粮，准备好炊具，一去就长达十数日。读书闲暇之余，他常登至岛上的最高峰观沧海，只见大风起处，海天相接，波澜壮阔，与乌山顿坑的景致大不相同。

顿坑之旅的另一个作用，是扩大了黄道周的活动范围，使他接触到外面的世界，并且渴望看到更广阔的天地；而嵇康超凡脱俗、特立独行的做派对他的影响，也一直持续到他成年。于是，他接下来的广东罗浮山之行，就顺理成章了。

罗浮山，实际上包含罗山与浮山，位于岭南中南部、广东惠州博罗县西北，有四百三十二峰、七十二石室，号称“百粤群山之祖”，秦汉以来素有“仙山”之名。传说浮山本是海上仙山蓬莱的一座山峰，尧时发大洪水，泛海漂浮来到这里，与罗山相傅（“傅”，通“附”）合，故合称为罗浮山，罗浮山所在的地方，也因此称为“傅罗县”，后来衍化为“博罗县”。这个传说的现实依据，或许是如明初陈琏在《罗浮山志》中所说：“晨起见烟云在山下，众山露峰尖，如在大海中，云气往来，山若移动，天下奇观也。”南来的海风与北下的气流交汇于此，故罗浮山常年云雾缭绕。而蓬莱是道教传说中的海外三仙山之一，由此可知罗浮山与道教的关系密切。

黄道周对罗浮山的了解，正是源于他读过的北宋道家类书《云笈七签》卷二十七《洞天福地部》中的内容。罗浮山为道教“十大洞天”的第七洞天，“周回五百里，名曰朱明曜(yào)真之洞天，在循州博罗县，属青精先生治之”；罗浮山的泉源洞又是“七十二福地”的第三十四福地，“仙人华子期治之”。罗浮山上草木丰茂，品类繁多，蕴含着丰富的药材资源，东晋著名道医葛洪曾来此采药。葛洪还到过福建其他地方寻药行医，至今闽东霞浦的葛洪山、闽南漳浦的丹山（亦称灶山）仍有他的遗迹。值得一提的是，葛洪在《肘后备急方》中记载的治疗疟疾的方法“青蒿一握，以水二升渍，绞取汁，尽服之”，后来成为中国科学家屠呦呦的灵感源头，她提取了青蒿素，制造出抗疟药，造福人类，获得了诺贝尔生理学或医学奖。今天在罗浮山朱明洞景区，有一座规模宏大的葛洪博物馆，博物馆的牌匾正是屠呦呦亲笔题字。“呦呦鹿鸣，食野之蒿”（《诗经·小雅·鹿鸣》），先贤的智慧泽及后世。

黄道周此次前往罗浮山，是因为母亲的表弟倪生要到博罗县县学任职。他得知这个消息后，就对母亲说：“儿子早就想去罗浮山看看，这次能不能和表舅一起去增长见识，开拓视野？”陈氏说：“古人云：‘读万卷书，行万里路。’你是应该多出去看看，这段时间你兄长在家中，你就安心去吧。此次远行，山高水长，一路上要小心。”

这是十四岁的黄道周第一次真正出远门。此前他去顿坑离家不过数十里，而这次铜山至博罗的旅程大约有八百里。他们走陆路经诏安分水关出福建，又经过潮州、揭阳、海陆丰（今汕尾市）等地，到了西江改坐船，历时约半个月，终于到了博罗。

倪生性情豁达开朗，一路上与黄道周相谈甚欢。他曾数次游历广东，对广东的风土人情比较熟悉。通过与倪生交谈，黄道周了解了沿途地区的许多地理人文知识。路过潮州时，倪生与黄道周谈起名列“唐宋八大家”之首的韩愈对潮州的治理。潮州紧邻漳州，在唐代被中原士人视为瘴疠(zhàng lì)之地，被贬谪的人往往谈之色变。韩愈因坚持儒家道统、上疏反对唐宪宗迎拜佛骨舍利，被贬为潮州刺史，所谓“一封朝奏九重天，夕贬潮阳路八千”。到任后，他很快从失落、挫败中振作起来，发挥才智，施行仁政，废除当地残存的买卖奴仆的陋习，兴学育才以计长远，驱赶鳄鱼、兴修水利以济民生，半年后潮州面目焕然一新。韩愈去世后，潮州百姓为缅怀他，将当地的笔架山改称韩山，将鳄溪改称韩江，并在韩江之滨、韩山之上，建起韩文公祠，体现了老百姓对贤臣良吏的朴素情感。

行至惠州归善县（今惠州市惠阳区）时，倪生又聊起曾代理过归善县令的宋代漳浦进士高登，赞誉高登在太学求学时与陈东率领爱国太学生、民众上书，请诛蔡京、童贯等六贼，并且不畏秦桧强权，力主抗金，直言进谏，被编管于广西容州（今广西玉林市容县），依旧讲学不辍。绍兴十八年（1148）高登病卒于容州，临终所言，皆为天下大计，丝毫

未言及私事。后来朱子知漳，即拜谒漳州文庙、高东溪祠，作《谒高东溪祠文》，称其“所谓一世之伟人，非独一乡之善士也”，并上书朝廷为其平反。高登的事迹令黄道周肃然起敬，他为漳州有如此乡贤而击节称赏。

令倪生没有想到的是，四十年后，也就是崇祯十年（1637），五十四岁的黄道周在京城给子侄写信，将韩愈与张良、董仲舒、诸葛亮、文天祥等人并列，鼓励子侄们效仿这些先贤，“写其全传，出入袖中，久之自然成人”。崇祯十一年（1638），黄道周因罪被降级、归乡，于是次年他特意在漳浦北山建十朋轩、九串阁敬祀先贤，申明“以先贤为朋党”的志向，韩愈也位列其中，黄道周在赞语中称他“中垒而后，无有俪者”，推许韩愈文章是汉代刘向之后第一人。韩愈曾在《答刘正夫书》中提到汉朝文章以司马相如、太史公、刘向、扬雄为最，黄道周可谓深知其意。而崇祯十七年（1644），黄道周在漳州邺山书院讲学时，将高登列入与善堂“九先生祠”中，与朱子、陈淳、蔡烈等一道，作为诸生楷模。

在一路的对谈中，黄道周表现出的渊博学识，令倪生极为叹服。行程将尽，他自感文思已竭、腹笥（sì）已空，而黄道周的学问才情似乎还如江似海、滔滔不绝，不禁感慨后生可畏。他们终于进入博罗地界，倪生说：“此地有一位先生值得一见，我带你去拜访他吧！”

第七章 闽海才子

倪生要带黄道周去见的这个人叫韩鸣凤，举人出身，当过几任知州，因此倪生称他为韩大夫。韩大夫年近六旬，赋闲居家休养，他博学多识，尤以提携后进、惜才爱才著称。

韩氏是博罗县知名的书香世家。黄道周随倪生走到巷口，远远就看到巷尾垣(yuán)墙内一栋三层歇山顶藏书楼，这可是当地的一座标志性建筑，给看惯了平房瓦舍的黄道周带来极大的震撼。

倪生与韩大夫素有交谊，他与门倌说明来意后，两人便被延请入室。待宾主坐定，倪生向韩大夫郑重介绍黄道周，并称他为“才子”“神童”。黄道周起身致谢，连称不敢当。韩大夫捻须微笑，看着眼前这位相貌平常、眉眼间却有一股英气的年轻人，心中半信半疑，不过一经交谈，便深感讶异：不论是儒家经典还是道家仙方，黄道周无不娓娓道来，并且在前人学说的基础上，结合自己的思索，自成一说。于是，韩大夫突发奇想，说：“贤弟高才，既然思慕罗浮山而光临鄙乡，可否仿大谢作赋一篇，歌以颂之？不过，此事不急，你们远道而来，今日暂且歇息，待明日我遍邀博罗诸耆宿(qí sù)[1]来寒舍一聚，你们也可趁机结缘有识之士。”

韩大夫说的“大谢”，即南朝诗人谢灵运，他被认为是第一位全力创作山水诗的诗人，曾作《罗浮山赋》并序曰：

> 客夜梦见延陵茅山，在京之东南，明旦得《洞经》，所载罗浮山事，云茅山在洞庭口，南通罗浮。正与梦中意相会，遂感而作《罗浮山赋》曰：
>
> 若乃茅公之说，神化是悉。数非亿度，道单悒憰(yì jué)。洞穴有九，此惟其七。潜夜引

① 耆宿：年高而有道德学问的人。

> 辉，幽境朗日。故曰朱明之阳宫，耀真之阴室，洞穴之宝衢(qú)，海灵之云术。伊离情之易结，谅沉念之罗浮。发潜梦于永夜，若溯波而乘桴(fú)。越扶屿之缅涨，上增龙之合流。鼓兰枻(yì)以水宿，杖桂策以山游。

此赋以茅山发端。茅山在江苏南部，地处句容、丹徒、金坛等地之间，号称道教“第一福地”，西汉茅盈、茅固、茅衷兄弟三人在此地修道济民，后人称他们为“三茅真君”（即赋中所称之“茅君”），山也因此称得名“三茅山”，简称“茅山”。东晋葛洪正是句容人，修炼于茅山抱朴峰，并写成《抱朴子》这一道家哲学与原始化学（炼丹术）的重要著作。此赋写奇梦、仙山、潜流、洞天以及寻真访道之人，曲折邈远，意犹未尽，确实是名篇佳构，给黄道周出了个不大不小的难题。

黄道周微微一笑，拱手道：“承蒙先生不弃，让晚辈得此受教的机会。圣人有言：‘见善如不及，见不善如探汤。’可否不必待至明日，晚辈即刻作赋，以就正于先生？”韩大夫甚是吃惊，说：“如此甚好，我等敬候佳作！”

倪生在旁边捏了把冷汗，虽然这一路上他对黄道周的才华已有所了解，但还从没看过黄道周的文章呢！况且，这次还是命题作文，在这么短时间内，黄道周写得出来吗？

书房就在客厅旁边，笔墨纸砚早已备齐。黄道周略一思忖，挥毫立就。起首数句，即令倪生松了一口气：

> 罗山僻处天南，浮峰孤悬海外，苟一心之倾慕，虽万里其何伤？……

一开头，黄道周先借山喻人，表达君子意气相通及对东道主的敬重之情，接着铺陈排比，写尽罗浮景致，诸如朱明洞的奥妙、飞云顶的险峻，上有清泉湍流，下生灵芝异树，极沧海之精华，尽山川之秀美，虽是想象，却很逼真。根据后人所撰《黄道周年谱》记载，韩大夫读此赋后，只说了一句话："年少轶（yì）才[①]，真闽海才子也！"激赏之情，溢于言表。

从此，黄道周就成为韩家的座上宾，韩氏藏书楼也多了一位读书人。此楼坐北朝南，绿水环绕，树木扶疏，因南方潮湿，特别是春季常有"回南天"现象，故一层只放置几张书桌、座椅，二层始有藏书，直至三层，共数十个书橱，书籍按四部分类法摆放，经、史、子、集，各得其所，既全且专。韩氏藏书楼几乎悉数全收葛洪的著作，有《抱朴子》《肘后备急方》《金匮药方》等，还有不少是黄道周闻所未闻

① 轶才：卓越的才能。

之作。更令他欣喜的是，这里还有嘉靖刊本《嵇中散集》，让他可以尽情赏读嵇康的诗文。

韩大夫有三个儿子：二十一岁的韩日缵（zuǎn）、与黄道周年纪相仿的韩日敬以及年方八岁的韩日钦，韩大夫命他们与黄道周共学。事实上，韩日缵前一年（万历二十五年，1597）刚以乡试第三名的成绩中举，可谓少年得志，但他为人谦逊，孝友敦笃，颇有君子之风，对黄道周的才学也深为佩服，所以几个年轻人相处融洽，经常一起秉烛夜读，共同探讨读书心得。

黄道周没有想到的是，十年后，即万历三十五年（1607）韩日缵中进士，进京为官，天启二年（1622）黄道周中进士，主考官之一竟是韩日缵！当时韩日缵正在阅卷，蓦然读到一篇让他倍感熟悉的文字，二十四年前朝夕相处、笔砚与共的情景顿时历历在目，他不由欣喜地说：“此必福建黄子也！”此是后话。

第八章 罗浮奇遇

韩大夫除了允许黄道周遍览家中藏书外，还安排了一仆一马，方便黄道周游览罗浮山。

一日，黄道周见天朗气清，于是备马，启程入山，他要去寻找传说中的朱明洞。

朱明洞最初是汉代朱真人修炼的地方，东晋咸和二年（327），葛洪听闻交趾（旧时对安南、越南的别称）出产丹砂，于是自请出任勾漏（今广西北流市）令，赴任途中经过广州，刺史邓岳表示愿供给他原料，在罗浮山炼丹，葛洪从此隐居于此，罗浮山即与泰山、华山、峨眉山等名山并列为《抱朴子》所载的“可以精思合作仙药”之山。又据《罗浮山志》记载，唐天宝年间，朝廷派道士申太芝祭罗浮山，在博罗县主簿任知宣及谙熟当地掌故的耆宿的帮助下，终于找到了朱明洞，洞深不可测，他们挑选了一个胆子大的人，坐在藤笼中，用绳子拴住往洞内下缒(zhuì)，大约五丈后，那人就拽动笼绳请求返回。那个人出洞后，既惶恐又激动地描述道：洞中一眼望不见底，里面有日月星辰，刚入洞时可看到白云，后散为五色，宛若仙境。

到了北宋，朱明洞迎来了一个“不速之客”，他居留惠州两年多，“杖履罗浮殆居其半”，很快成为罗浮山的“超级粉丝”。这个人，就是“坡仙”——大文豪苏轼。

北宋神宗元丰二年（1079），苏轼因“乌台诗案”被贬为黄州（今湖北黄冈市）团练副使；哲宗绍圣元年（1094），苏轼又以“讥刺先朝”的罪名，再次被贬至惠州。如今的惠州东江之滨、白鹤峰上，建有苏东坡祠，祠前的苏东坡雕像，背着双手站立，举目远眺，衣袂飘然，似乎随时又要出发。诗人不幸山水幸，他在黄州留下了《赤壁赋》《念奴娇》等千古名篇，在惠州时他同样佳作迭出，脍炙人口的《惠州一绝》可看作为罗浮代言：“罗浮山下四时春，卢橘杨梅次第新。日啖荔枝三百颗，不辞长作岭南人。”在写罗浮山的同时，他也表达了对葛洪的悠然神往：“东坡之师抱朴老，真契早已交前生。”（《游罗浮山一首示儿子过》）当然，他也写到朱明洞：“罗浮高万仞，下看扶桑卑。默坐朱明洞，玉池自生肥。”（《次韵定慧钦长老见寄八首（其三）》）当时苏东坡应该是坐在洞口冥想洞中情景，因为他在《游罗浮题名记》中提到，他看到的朱明洞是“榛莽不可入，水出洞中，锵鸣如琴筑，水中皆菖蒲，生石上”，洞穴似乎变成了一汪泉眼。“玉池”指人之口，“玉池生肥”指口中生津液，而吞食津液正是道家修炼养生的一种重要手段。可以说，朱明洞见证了苏轼的飘然出世，而这也是黄道周要寻访的道家仙境。

那么，黄道周为什么如此向往仙境、倾心葛洪呢？

一方面，中国的神仙之道有着悠久的历史，《庄子》里多次提到“真人”“仙人”“至人”；而从秦始皇起，历代帝王为了满足永久享有权力的欲望，常有求长生不老之举，如汉武帝信奉方士，建造金铜仙人以承接所谓“仙露”。而在黄道周生活的时代，明神宗朱翊(yì)钧也是一个热衷求仙问道的皇帝。在儒道互补的传统文化环境中，文人也在太虚幻境中寻找身、心、灵的栖息之地。黄道周喜爱的嵇康即著有《养生论》，既认同“上药养命，中药养性”，也主张服食灵芝、醴(lǐ)泉以延年益寿。嵇康在《与山巨源绝交书中》中明确说：“又闻道士遗言，饵术、黄精，令人久寿，意甚信之。”在古代文人眼中，仙药多在山海之间，而仙人多隐居于高山。李白自称“五岳寻仙不辞远，一生好入名山游”，也因此被人们称为“谪仙人”。苏轼则自称“玉堂仙”，被人们尊为“坡仙”。

另一方面，葛洪神仙之道自有独特之处。他将

所谓神仙方术与儒家的社会教化与道德修养相结合，强调：“欲求仙者，要当以忠孝、和顺、仁信为本。若德行不修，而但务方术，皆不得长生也。”又称：“在朝者陈力以秉庶事，山林者修德以厉贪浊，殊途同归，俱人臣也。”这些观点对于纯粹的儒家弟子来说，也是颇有吸引力的。

少年黄道周也来到罗浮山下。他高声吟诵苏轼的《次韵正辅同游白水山》：“欲从稚川隐罗浮，先与灵运开永嘉。”然后发出一声长啸：“稚川先生、灵运先生，还有东坡先生，我来啦！”声音穿透林梢，惊起了一只彩色的鸟儿。它扑棱扑棱翅膀，向远处飞去。随行的老仆韩二瞪大眼睛高呼：“这是五色雀啊！听老一辈说，见到这种鸟的人有福。”黄道周笑着说：“你们把它叫作五色雀吗？这种鸟应该就是汉代杨孚《异物志》中所说的‘木客鸟’，其大如鹊，绿毛红喙，常数十只聚为一群，单独出现时被视为祥瑞。”韩二早就听说这位黄公子博学多识，如今一见，果然名不虚传。

罗浮山又称东樵山，历来是当地人砍柴割草的地方。不过，在询问了几个樵夫、农户之后，黄道周有些失望。大家都说，因为年岁久远，朱明洞已经找不到了，宋代人题的“朱明曜真之天”的石榜也早已不知去向。黄道周想起数十年前明代大儒湛若水在《朱明洞记》中的记载：“洞前以出冲虚，有大石刻曰‘朱明洞’者当其前，盖古迹湮没已久，人所不到极幽处也。”这说明早在数十年前朱明洞前已是一片荒芜，湛若水与同仁伐木剪荆，盖寝室、讲堂等共十数间，创建了甘泉精舍，但如今甘泉精舍也已倒塌。

黄道周只找到冲虚观，观前的东坡题词“葛洪丹灶”四字已模糊不清。《老子》称“致虚极，守静笃”，又称“道冲而用之或不盈”“冲气以为和”，因此“冲虚”指向一种虚无广大的境界。此地本是葛洪当年的栖息处，最开始称“南庵”，因为他在此修炼、著书、讲学，后人将其改建为葛洪祠，到了唐代改称都虚观，到了宋代改称冲虚观。

据文献记载，朱明洞位于冲虚观北面约一里处，但黄道周在冲虚观方圆几里范围内，前前后后找了两遍，也没有找到洞口，于是，他沿观前的溪流溯游而上。黄道周读过宋代邹师正的《罗浮山指掌图记》一文。文中说，罗浮山方圆五百里内，除峰峦石洞之外，河流亦多，“溪涧川源有不可胜数者”，他想看看这条溪流从何处而来，也许会有所发现。

远方传来几声闷雷，黄道周举目远眺，只见天边乌云翻滚，但自己所站的地方依旧赤日炎炎，草木静寂，闷热无风，马儿也热得扑哧扑哧地打着响鼻。黄道周索性脱掉鞋袜，赤着双脚，牵着马走进溪流中，惬意地享受溪水的清凉，却忽略了水面隐隐出现的一些浮沫。韩二背着行囊不便下水，只得在岸边紧随。突然，溪水流速变大，一股浊水自上游倾泻而下，黄道周猝不及防，连人带马被冲倒在水中，向下游急速漂去。韩二大叫：“落水了，救人啊！”可是此时是正午时分，山中哪里有人？况且水流湍急，一眨眼间，人马都不见了。韩二甩下行李，向下游奔去。约莫一刻钟后，他已气喘吁吁，怎么也跑不动了，忽然看到黄道周就坐在前面岸边的一块石头上，浑身湿透，口中念念有词。他身旁的马儿抖抖身上的水珠，打了个响鼻，长嘶一声，甚是得意。

原来，马是天生会游泳的动物，因为体型较大，落水后身体会自然浮在水面上。这匹马一开始在激流冲击下站立不稳，可顺水漂流一阵子后慢慢恢复平衡，开始用四肢划水，将头露出水面，就不会溺水了。而黄道周紧紧拉着缰绳，趴在马背上，直到下游水流平缓处，才终于上了浅滩，于是人和马都得救了。

韩二寻来的时候，黄道周正在高声诵读《孙子兵法》中的《行军篇》：“上雨，水沫至，欲涉者，待其定也。”实际上，有经验的山里人都知道山中常有这种现象：山下晴朗，而半山上大雨忽至，水汇集而下，下游水位暴涨，往往会有意外发生，闽南人称这种现象为“涧冲”。经此一难，他这才深切领悟到陆游《冬夜读书示子聿(yù)》中的名言：“纸上得来终觉浅，绝知此事要躬行。”古人诚不我欺也！

由于冷热失调，又受了惊吓，回到韩家后，黄道周不得不卧床休养几日。这次落水，浇灭了黄道周访仙问药的热情，却也使他的名声传遍博罗，甚至有人将他比作王勃——当年王勃写出千古名篇《滕王阁序》不久，渡海溺亡；而黄道周作《罗浮山赋》后，溺水不死。韩二逢人便宣称，客居韩家的福建黄子上知天文、下知地理，而且吉人天相，如有神助，身入湍流而履险如夷。最后他还不忘强调：“这都是我亲眼所见。”这样一传十、十传百，博罗人人皆知：有个福建少年，学识渊博，天赋异禀，关键是未曾婚配。于是，韩家陆续有人上门来了解黄道周的情况，想替女儿求婚，其中不乏达官贵人。黄道周哪里见过这种阵势，只能以“出门在外，年纪尚幼，婚姻大事，不敢擅自做主”为由，加以推托，将精力放在埋头苦读、访问贤者上。

黄道周客居博罗第二年的秋天，韩大夫早早让人送来寒衣，黄道周想：我该回家了。

第九章

父亲的心结

虽然已经从先前的来信中，得知儿子近期将回家，但是当黄道周出现在眼前时，陈氏还是压抑不住内心的喜悦，将儿子一把抱住。她很快发现，儿子瘦了，黑了，也长高了不少，用闽南话说，“拔骨”了。因为几位邻居大婶也在，黄道周有些害羞，但他同样激动不已，母亲身上熟悉的味道令他倍感亲切——那种夹杂着清洁衣物的皂荚味、灶头的烟火气以及铜山特有的鱼腥味，实在是久违了。

这次回家，黄道周带回一箱东西，里面有韩大夫赠送的书籍，有一些要分赠给左邻右舍的罗浮山特产，如百草油、云雾茶等，还有他在博罗期间写的多篇诗赋。没想到正是这些诗赋，让黄嘉卿大发雷霆。

儿子久别归来，黄嘉卿当然也高兴，只是身为父亲，为了维护严父形象，他不便将喜悦之情表现得过于明显。但在翻阅诗文、初步了解黄道周一年多来所学情况时，他脸上立马晴转乌云，大声呵斥：“雕

虫小技，虚度时日，游戏文字，焉能长久！男儿当立志报效家国，怎能一心思慕方外，不问世事？”不等黄道周辩解，他便抓起诗稿，奔向厨房，一把塞进正煮着地瓜粥的灶膛中。

黄道周来不及阻拦，也不想阻拦，只是觉得有些茫然。诗稿在炉灶中燃烧腾起的青烟，母亲对父亲的轻声埋怨，一切好像离他很近，又好像离他很远，连同朱明洞、飞云顶，一点一点消失在他记忆的深处。

火是文明之光，人类自从有了火，就具备了与黑暗抗衡的能力，但是火也可以焚毁一切，包括曾经激扬的岁月。当火光渐渐暗淡的时候，黄道周的心情也莫名地平静了。

这夜，残月如钩。铜山南门湾的银色沙滩上，留下一串长长的脚印。这是黄嘉卿第一次在晚上带黄道周来海边，黄道周稍稍落后父亲半步，两人一路无话。终于，还是黄嘉卿先开口：“你知道我十八岁时都做过什么吗？”

黄道周的身躯震了一下，他没想到，平时不苟言笑、沉默寡言的父亲会主动说起他年轻时的事。他凝视着父亲，等着他继续说下去。黄嘉卿看了儿子一眼，抬头望向远方，仿佛看向三十多年前的场景。

第九章

父亲的心结

黄嘉卿出生的时候，家里很穷，他的大哥很早就去世了，二哥则很小就离家跟随行商做生意。本来黄嘉卿也要走上从商这条路，但是铜山有一位教书的陈先生看他聪明可造，于是让他免费跟着书塾的学童一起启蒙受学，黄嘉卿由此读了不少书，写得一手好字，深明忠孝大义。后来这位陈先生还将女儿许配给他，也就是黄道周的母亲陈氏。

嘉靖初年，东南沿海屡遭倭寇侵扰，铜山守御千户所开始严格施行新的征兵制度，军户人家三丁取一，编训成后备军，随时移调远方驻防。那时黄嘉卿的二哥出门在外，而幼弟尚在襁褓中呱呱而啼，黄嘉卿无论如何都得去应征，但是父亲刚去世不久，母亲身体不好，操持家务、侍候汤药，全仰仗他一人。一听里长宣布完征兵决定，黄嘉卿便抱着母亲失声痛哭，母亲也呼天抢地。负责征兵的有司了解到他们家的情况后决定让黄嘉卿免服兵役，改服徭役，到铜山内海参与制造战船，这样他就可以经常回家看望老母、幼弟。

黄嘉卿对此已经非常知足。他搬木头、刨船桨、钉船板，兢兢业业，只盼早点完成徭役，安心照顾家人，可没想到意外的事情发生了。

这一天，停泊在内港的大船已然成型，风帆已经挂上，第二天就可以“安龙目”（将船眼嵌钉在船头两侧）了，工匠们分散在各处，挑灯赶工。黄嘉卿正在脚手架上给船尾刷最后一遍漆，这时，同组的两个伙计“鲁鳗”和“刺溜”，一前一后笑嘻嘻地向他走来。黄嘉卿不想搭理他们，因为这两个人平时干活挑肥拣瘦、偷工减料，给黄嘉卿的印象很不好，于是黄嘉卿继续自顾自地干活。

刺溜说：“兄弟，看你干得这么辛苦，有个发大财的机会，要不要一起干？”

黄嘉卿冷冷地说：“我可没有发财的命，等这艘船下水，我就回家种地去了！”

鲁鳗凑过来，低声说：“我们说的就是这艘船，你也不用回家种地，过几天，我们挟持船长，把它开到焦屿去，就可以换来大笔银子。我看你年轻力壮，样样会做，撑船应该也是一把好手，要不要一起干？”

黄嘉卿吓出了一身冷汗，原来事情比他想象的严重多了。焦屿离铜山约三十里，据说是近来倭寇盘踞的地方，这两人明摆着是为了私利，不择手段，卖国叛乡。这可如何是好？犹豫间，他瞥见鲁鳗眼中露出的凶光与外衣下突起的刀柄，脑海中顿时浮现出平时习武的几个常用招式，反而镇定下来。

黄嘉卿笑着说：“我不大懂得撑船，不过如果有发财的机会，倒可以试一试，就是不知道你们能让我赚多少钱？”

听到黄嘉卿在探问价钱而不是在考虑要不要干，

这两人顿时放松了下来，鲁鳗按着刀柄的手也离开了腰间，大大咧咧地说：“钱你不用担心，包你满意！”

说时迟，那时快，黄嘉卿将手中的一桶漆泼向鲁鳗的脸，旋即转身一个右蹬腿把刺溜踹倒，再一拳猛砸他的头部，将他打了个七荤八素，差点跌落脚手架。刺溜半个身子悬空，两只手死死抓着一根横板。这时鲁鳗一手擦脸，一手拔出匕首，不过他的眼睛已经沾满油漆，根本睁不开，只能嗷嗷怪叫，胡乱挥舞。黄嘉卿抄起身边的一根木棍，一记“蜻蜓点水”，啪的一声击落鲁鳗手中的匕首。鲁鳗不知刺溜已经自身难保，大声喊道：“快去叫人，灭了这臭小子！”黄嘉卿半是愤怒，半是恐惧，拾起匕首，一下扎入鲁鳗的胸口，鲁鳗一声哀号，扑通坠入水中。黄嘉卿还没来得及喘息，听见船头一阵喧闹，他料定必是二人的同党围拢过来了，于是三十六计，走为上计，飞起一脚，将正挣扎着要攀上架子的刺溜也踹入水中，然后迅速跳上岸，飞奔而去。

几天后，他得知此次事变已被官方平定，这才回到家中。叛乱通倭的几人都已被捕，据他们交代，为首的是鲁鳗、刺溜，但二人一直下落不明，实在是一大隐患。铜山千户所的马千户公开悬赏百金，征求叛卒讯息，黄嘉卿这才现身，向马千户说明情况。马千户立即派人到黄嘉卿所说的水域搜查，果然捞起两具尸体。仵(wǔ)作勘验了两人的死因：鲁鳗被一刀刺中要害而毙命，刺溜头部受伤，因口鼻陷入水底淤泥窒息而死，伤情、凶器及相关痕迹等都与黄嘉卿描述的一样。马千户早就听闻黄嘉卿的孝子之名，如今此案告破，可以上报请功，心中大喜，随即兑现诺言，要以百金奖励黄嘉卿。黄嘉卿神色凛然，大声说道："我曾向先父许诺，生为男子，定当保家卫国，惩恶扬善，因家庭原因，目前无法从军。男子汉大丈夫，不能为国效力，已感惭愧，怎能以诛杀两个叛徒而获取报酬呢？我虽贫，但这赏金却是不能拿的，只求早日结束服役，回去照顾母亲，今后有机会再报效国家。”马千户深受感动，说：“黄君实乃当今的季布啊！”当即宣布免除黄嘉卿的徭役，让他安心回家照顾家人。

马千户口中的季布，原为楚地人，曾效力于西楚霸王项羽，数次打败过刘邦的汉军。项羽败亡后，季布被刘邦悬赏缉拿，不得不隐姓埋名，变身为奴。后经朱家、夏侯婴等人的斡(wò)旋，终于被刘邦赦免，并拜为郎中。季布为人仗义，好打抱不平，以信守诺言著称，楚国曾流传“得黄金百斤，不如得季布一诺”的谚语，也就是今天我们熟知的成语“一诺千金”的来源。司马迁在《史记·季布列传》中称季布“可谓壮士”。黄嘉卿虽身为役夫，但临危不惧，奋勇杀贼，并能坚守初心，拒收百金，与季布有相通之处，从此他就被称为“黄季布”。经历此事后，黄嘉卿经常阅读兵书，训练族人，有空时就与几个慷慨有气节的同道相约，一起游历闽南沿海各地，勘察地形，谋划抗倭御盗、保卫乡邦的良策。

一晃十数年过去了，明神宗初年，天下还算太平，黄嘉卿感到自己已过而立之年，岁月蹉跎，却一事无成，于是决定弃武从文。有一天，他将书架上陈列的《孙子兵法》《司马法》《玉钤(qián)》《六韬》等兵书及自己撰写的《海防总论》搜罗在一起，一把火焚毁，从此除了游学四方、寻访理学名儒之外，专心阅读儒家经典，并且也希望两个儿子能够及早踏上修齐治平之路。

原来父亲今日焚烧的诗稿，竟是父亲当年焚书的延续！恍惚间，黄道周有种奇特的感觉：这些年来，他跋涉于乌山、罗浮山的丛林野壑之中，是否也在寻找父亲的足迹？是否也在期盼着这个经常离家的父亲会突然在某处松石间出现？此时此刻，听完父亲之前从未与他说过的这些话，黄道周十分感动。他握紧双拳，挺起胸膛，坚定地说：“父亲，我知道自己该做什么。”

黄嘉卿微笑着看了看黄道周，将头转向夜幕下无垠的大海，又陷入了沉默。父子俩继续肩并肩向前走去，似乎这段路永远也走不完……

第十章

受冠成人

父亲焚烧诗稿这一年，黄道周十六岁，焚稿事件就像一场成年礼，在熊熊火光中，引领他踏上了新的征程。

据《仪礼》记载，古人的成年礼含“三加冠”的流程：先加缁布冠（黑布帽子），寓尊古尚朴之意；二加皮弁(biàn)冠（古代官员上朝时戴的帽子），表示受冠者可以独立参与政治事务；三加爵弁冠（古人在宗庙祭祀时戴的帽子），表示受冠者开始拥有祭祀权。三冠连加，意在激励受冠者修德自立、不断进取。“冠者，礼之始也”“敬冠事所以重礼，重礼所以为国本”，受冠者在庄严肃穆的仪式中体会成年人的责任与担当，明白成年之后要承担更多的家庭责任与社会责任。

古人的成年礼为冠礼。举行冠礼的同时，也要为男子取“表字”，即表明德行、使本名意义得以外显的字。在古代，长辈对晚辈、尊者对卑者可以直呼其名，比如在《论语·学而》中，孔子对弟子子贡（姓端木，名赐，字子贡）直呼其名，说："赐也，始可与言《诗》已矣！"而平辈之间、晚辈对长辈则要以字相称，表示尊敬。因此，有表字也是一个人进入成人交际圈的标志，所以《礼记·冠义》中说："已冠而字之，成人之道也。"字往往与名相关、相近或相反，也多有崇德言志的用意，如张衡字平子、刘备字玄德等，所以《颜氏家训·风操篇》称"名以正体，字以表德"。

关于行冠礼的年龄，《礼记·曲礼上》中记载："男子二十冠而字。"后来随着男性成熟年龄的逐渐提前，到了宋代，冠礼的年限已有所放宽，据朱子《家礼》所述："男子十五至二十，皆可冠。"闽南地区多遵循朱子《家礼》。时移势变，冠礼的流程也并非一成不变，黄道周的兄长黄道琛成年时，黄嘉卿只为他行"一加冠"之礼。

就在父子海边谈心的第二天早上，黄嘉卿取出一顶黑布小帽，对黄道周说："数年前，我有事到云霄，适逢当地吴亮恭二十岁而成进士，在吴氏家庙中行三加冠礼，观者如堵，是一时少见的盛况。而今铜山礼俗不振，家中亦贫，为父生平不拘小节，故欲与当年你兄长所行冠礼一般，为你一加冠，存其礼意而已。"吴寀(cài)，字亮恭，漳浦云霄人，万历二十三年（1595）乙未科进士。让黄嘉卿没想到的是，十年之后，他的儿子会与吴寀同坐一席，谈文论道，把酒言欢。

黄道琛手捧缁布冠，立于西阶，黄道周走到门前，朝南席地而坐，黄嘉卿接过道琛手中的布冠，郑重地为黄道周戴上，系好缨带，说了几句勉励的话："弃尔幼志，顺尔成德；兄弟具在，以成厥德。"不到一刻钟，冠礼即告成。

行冠礼的过程，简洁明快；而给黄道周取表字，黄嘉卿却难于抉择。古人的表字经常不止一个，如

苏轼字子瞻，又字和仲；朱熹字元晦，又字仲晦。黄嘉卿早就为黄道周想好了几个表字。一个是“螭(chī)若”，据说龙生九子，其中一个叫螭，黄嘉卿是甲辰年出生，属龙，故“螭若”有望子成龙、实现自己未竟之志的意思。另外两个为“幼平”和“细遵”。

黄道周是家中最年幼的孩子，黄嘉卿又素来敬仰屈原忠君爱国、九死不悔的精神，而屈原名平，故取字“幼平”。屈原《离骚》云：“彼尧舜之耿介兮，既遵道而得路。”名“道周”，字“细遵”，“遵”与“道”相呼应。就在前一晚，黄嘉卿口中念叨“道周”之名，不禁联想起《道德经》首章“道可道，非常道……玄之又玄，众妙之门”，于是又给黄道周取了另一个表字“幼玄”。

听了这几个表字，黄道周深切感受到父亲的良苦用心。他说：“多谢父亲大人，这几个表字都寓意深远，我都很喜欢。我想‘细遵’更适合现在的我！”

是啊，“既遵道而得路”，黄道周知道自己将要由虚入实，走上一条考科举、求功名、报效家国之路。人的一生，也许总要和父母达成一次妥协，或者形成认同。这条路是父亲在经历人生波折之后期望自己走的，同时也是现在自己应该要开始考虑的路，铜山、漳浦、漳州，甚至闽粤两省，似乎都小了些，自己的天地当不止于此。

从这天起，黄道周开始认真研习科举文章。

明代科举制度由明太祖朱元璋与刘基制定，以《大学》《中庸》《论语》《孟子》及《周易》《尚书》《诗经》《春秋》《礼记》命题试士，以朱子《四书章句集注》、程颐《程氏易传》等为主要参考书，要求代古人立言，体裁有一定的规制格式，采取“八股”的排偶句式，故通称“制义”，又称“时文”“八比文”“制艺”等。明代乡试、会试都要考三场，第一场的八股文是考试的主要内容，因此八股文又称“举业”。

典型的八股文由破题、承题、起讲、入手、起股、中股、后股、束股八部分组成，但所谓“八股”主要是指从起股到束股，每股各有两股排比对偶句，总共八股，这是“八股文”名称的由来。八股文考查经术与文学两方面的素养，内容是经术的，形式却是文学的。八股文作为一种选拔人才的方式能够在明清两代延续数百年之久，绝非偶然；但一种体制积久成弊，流于空洞与形式主义，也在所难免。

对黄道周来说，八股文写作并不困难，他在浏览了当时的科举选文之后，感觉只要稍加努力，就能胜券在握。同时他也产生了一个念头：以后要编选一部文采和品质兼优的时文范本，供广大士子参考。后来在崇祯年间，他编选的《冰天小草》《〈诗〉一房制艺》等因此问世。

黄道周认为自己参加科举、获得功名是迟早的事，就把更多的时间花在研读“五经”上。

五经本是诸子百家共同的学术来源，《庄子·天下篇》中说：“《诗》以道志，《书》以道事，《礼》以道行，《乐》以道和，《易》以道阴阳，《春秋》以道名分。”用这句话概括五经大意，颇为得当。后来孔子对五经进行了系统的整理，作为经典教材来教授弟子，并有“不学《诗》，无以言”“不学《礼》，无以立”“五十以学《易》，可以无大过矣”“知我者其惟《春秋》乎！罪我者其惟《春秋》乎”等名言，所以五经与儒家的关系最密切。

而五经中，黄道周对《周易》最感兴趣。《周易》本为占筮(shì)之书，在生产力不发达的上古社会，《周易》体现了人类对掌控自身命运的祈望、对未知世界的执着探求。《周易》包含深邃的哲理，而解释《周易》的《易传》有七种十篇，更被视为哲学著作，其中蕴含的天道论、对立统一、运动变化等观念，成为中华文化重要的智慧源泉。易道广大，渗透到生活的方方面面，却又是“百姓日用而不知”。

魏晋时期，《周易》与《老子》《庄子》并称“三玄”，成为当时名流谈玄论道时常引用的经典，并逐渐摆脱汉代易学“重象数”而倾向以王弼为代表的“阐义理”的特征。黄道周十分倾慕嵇康、阮籍，所以对《周易》也十分熟悉。值得注意的是，嵇康相信象数与占卜；而阮籍所作的《通易论》，也与王弼等人不同，而更具汉代象数易学的余绪，如将五行、地支与八卦相配，又如重视“卦气”等，这些都对黄道周有一定影响。黄道周又从另一部经典——《尚书》中找到灵感，将《周易》象数之学与《尚书·洪范》的“九畴”（五行、五事、八政、五纪、皇极、三德、稽疑、庶征、五福、六极）相结合，在他十八岁这一年，写出了《畴象》一书。《畴象》如今已失传，但存世的黄道周易学名著《易象正》的卷终有“九畴十二变成数图”，黄道周极有可能将早年所作的《畴象》融入其中。

在一个秋虫啾鸣的深夜，黄嘉卿捧读《畴象》，思绪悠长。他知道自己迟早会看不懂儿子写的东西，但没想到这一天会来得如此之快。这孩子，真的长大了。

第十一章

遇见王阳明

黄道周觉得自己既已长大成人，就该自食其力，不能再依赖父母与兄长的辛勤劳动来养活自己。恰好此时，他的母舅，因育才有方而闻名于漳南一带的塾师陈王教，为他提供了一个工作机会，即到顿坑西北、与云霄接壤的平和大溪范厝寨的村塾任教，于是他当即答应前往一试。

古代的私塾先生，依据自身水平高低、有无获得功名等，大体分为蒙师、经师两种，比如陈王教是贡生（秀才出身，经考选升入京师国子监读书），所以他更多时候担任经师，教学生学习四书五经、举业时文，准备参加科举考试；而黄道周尚未参加过县学考试，还没有获得任何功名，因此只能暂时担任蒙师，教蒙童识文断字。

临行前，陈王教对这个自己十分欣赏的外甥语重心长地说：“俗语云：‘家有三斗粮，不当孩子王。’如今你也要为人师了，虽是权宜之计，但边教边读，以备来年考试，也不失为一时良策，你心中有数，我不必多言。平和有一山一人，非常值得一见：山为大峰，近在咫尺；人叫王守仁，你可择日拜访。”黄道周屈身拱手道：“谨遵舅父教诲！”

一个春天的早上，十九岁的黄道周坐在“孔子行教图”下，带领十几个小顽童高声诵读《三字经》时，自己五岁时在铜山社学向先生提问的情景历历在目，如今，自己也成了别人口中的“先生”了。黄道周确实是一个很称职的先生，他并没有因为这次任教契约仅签订了一年而敷衍了事，他要对得起这些天真纯朴的孩子，对得起村民的信任，更要对得起自己的良知。这天，他想起了舅父所说的王守仁。

王守仁（1472—1529），字伯安，号阳明，浙江余姚人，谥号“文成”，明代心学大儒，一生历经坎坷，以“心即理”“知行合一”“致良知”为宗立教，守正直谏，屡次平乱，最终成就古人所谓“三不朽”——“立德、立言、立功”的伟业。万历十二年（1584），也就是黄道周出生的前一年，王阳明入祀文庙，与朱子等先儒一起成为后人膜拜的对象。他和黄道周有何交集呢？或者说他对黄道周有何影响呢？这还得从正德十二年（1517）发生在闽粤赣交界的一场战役说起。

正德年间，朝政衰敝，民不聊生，在闽、粤、赣三省交界的深山老林中，先后掀起多股山民暴乱，他们凭借天险地利，割据一方，令烽火经年不息。正德十一年（1516）九月，四十五岁的王阳明被兵部尚书王琼举荐升任为都察院左佥（qiān）都御史，巡抚南、赣、汀、漳，务求一举平定动乱。次年年初，王阳明采取内外兼治、正奇结合、攻心为上的策略，历时两个多月，终于将盘踞在闽西南与粤东交界山区多年的“山匪”剿灭肃清。王阳明生平第一次用兵，就大获全胜，这为他下一步全面平定赣南等处的暴乱奠定了坚实的基础。

治标之后还需治本，而安民是消除盗贼的根本。漳南战事刚停息，王阳明就根据福建按察司兵备佥事胡琏等人的呈报，两次上书朝廷，建议割南靖县清宁里、新安里，漳浦县二都、三都等处，量地制邑，添设一县，以为本地长治久安之计。最终朝廷于正德十四年（1519）六月正式批准增设福建漳州平和县，县治设在原南靖县的河头大洋陂（bēi）（后更名为九峰），因河头等乡都属于平河社，所以取县名为“平和”。

实际上，王阳明在戎马倥偬（kǒngzǒng）之际深入民间体察民情，当地百姓对设置新县十分拥护，因此在朝廷正式批复之前，他已带领南靖知县、漳平知县等地方官员亲临河头乡告祀社土，伐木动工，营建县城，其作风可谓雷厉风行，确实是知行合一的典范。所以平和人把阳明视为“置县之父”，后世建有阳明祠，如今更建有阳明公园、阳明纪念馆，以纪念阳明先生。

这一日是清明，村塾放假，黄道周决定到九峰一游。大溪到九峰约四十里，沿途多山，特别是大峰山，峰峦秀丽且奇伟险峻，既有擎天的巨石，又有盘旋的深谷，清泉飘瀑，飞珠淌玉，美不胜收。后来黄道周在崇祯五年（1632）作《梁山峰山赋》，对家乡漳浦的梁山与平和的大峰山极尽赞美之词，其中称大峰山的狮子、文殊、玉女、灵通、莺嘴、白塔、积石、天池、龙蹲、鸾举等三十六峰“一一与黄山相似，或有过焉，无不及者”。崇祯六年（1633）秋，徐霞客第三次游历漳州，读到这篇赋，油然生出搜奇览胜的兴致，黄道周于是和他同游大峰山。此是后话，暂且不提。此时黄道周顾不得欣赏山景，心中惦记着那个人，于是加快步伐，只半天时间就到了九峰。他一路询问，终于找到平和县学。

王阳明不只是军事家，更是理学家、教育家，在征剿“山匪”过程中，他同步颁发了《兴举社学牌》

《颁行社学教条》等告示，要求所属各级官员重视教化、文武并施，他自己也讲学不辍。所以王阳明在规划平和县治时，也充分考虑了兴学教化、移风易俗等事宜，在《再议平和县治疏》中，对学校教官设置、县学生员人数等都有具体建议。他特别指出，儒学生员若有不足，可“于新民之家选取俊秀子弟入学，使其改心易虑，用图自新”。一代大儒的深谋远虑，于此可见一斑。如今僻远如大溪范厝寨，也非常重视村中子弟读书识字，不能不说与王阳明有关。因此，从某个角度来说，黄道周到平和大溪教书，也得益于当年王阳明奏设新县、重视教育；而后来黄道周在学术上注重会通朱王，并作《王文成公碑》《王文成公集序》等文，高度评价王阳明的学问、事功及对漳州特别是平和的贡献，仿佛又是在回馈王阳明。人世间的事物情理、人与人之间的联系，往往就是如此奇妙。

黄道周到九峰时，距平和建县已有八十多年。平和县学因清明放假而大门紧闭，其西南侧即为阳明祠，是嘉靖三十三年（1554），即阳明先生去世二十五年后，由福建按察司佥事梁佐督令平和知县赵进所建，黄道周此时面对的是经历五十多年岁月的阳明祠。由于前一夜刚下了雨，门前数摊积水颇深，可见地面坑洼不平，两扇大门中有一扇已经损坏，斜靠在墙边，祠内只有一位年过六旬的老人，正在虔诚地焚香祷告。

黄道周等老人将线香插入炉中，转过身来，方才上前询问："敢问老人家尊姓大名？此处不是阳明祠吗？为何如此冷清？"

老人见眼前这个年轻人虽然风尘仆仆但是神气清朗、诚挚可感，于是长叹一声，说："您是外地人吧？此地确实是阳明祠，鄙人姓曾，先祖当年承蒙阳明先生不耻下问，垂询建县事宜，故有幸一睹大儒风采，切身体会阳明先生的勤政爱民、刚毅果决。可惜‘君子之泽，五世而斩’，如今虽未及五世，但我们这里的人已渐渐淡忘了先生。倒是对面的城隍庙，香火兴旺，凡夫俗妇，祈福消灾，络绎不绝。我辈心念旧恩，时常来这里瞻仰礼拜，以示不忘阳明先生的功德。”

黄道周深受感动，说：“曾老尽心了！不过晚生以为，圣贤的功绩本就是‘百姓日用而不知’。物极必反，饮水思源，相信阳明先生的祠堂必有重光之日，让我们拭目以待！”

听了眼前这个年轻人的一番话，老人不由得点头称是。

事实证明，黄道周所言并不只是在安慰老人，更是一种先见之明。三十一年之后的崇祯七年（1634），主政漳州的施邦曜决定重建平和九峰阳明祠，请当时已名满天下的黄道周作碑记，黄道周欣然提笔，写下这样一段话，深情回忆当年与阳明先生的这次相遇：

> 平和一县为文成建置之始。去文成数十年，始为特祠，丽学宫……忆余舞象时，尝游邑中，时时出黉(hóng)西，过瞻旧祠，疑其庭径湫(jiǎo)侧，意世有达人，溯源嶓岷(bōmín)，必有起而更事者。距今五十余年，而当道伟识，果为更卜奕起。

“舞象”是古代成童，即十五岁以上少年所学的一种乐舞。古人以“舞象之年”指男子十五至二十岁之间的年华。当时黄道周十九岁，作此序时五十岁，故“五十余年”当是笔误，应为“三十余年”。《尚书·禹贡》中有“岷嶓既艺，沱(tuó)潜既道”之语，岷、嶓分别指岷江发源地四川岷山、汉水发源地陕西嶓冢山，此处“溯源嶓岷”即强调平和文化源自阳明先生。作此序时，他想起了当年在阳明祠邂逅曾老的情景，不禁在心中默念：“曾老啊曾老，阳明祠已焕然一新，希望您能再去上一炷香。”

第十二章

少年心事与布衣精神

教学之余，黄道周除了拜谒阳明祠、登大峰山，大部分时间都在读书、习作、备考，随着考试时间的逼近，他开始研习策论。

前面说过，科举考试第一场考八股经义，侧重考核儒学主流价值观；第二场考论一道，判五道，诏、诰、表、内科一道，侧重考核实用文体写作能力；第三场考经史时务策五道，侧重考查经世济民能力。一般来说，第二场的“论”与第三场的“策”合称“策论”或“论策”。

“论”指议论，即对某事物提出看法；“策”指对策，即针对某问题提出解决方案。二者有相似性，所以策、论虽然是两场考试和两种体裁，但考生却常合并用之，以求达到最佳效果。由于策论的考试题目多针对社会现实而设计，以考查士人的经世之才，所以相比于八股文，策论考试对考生所做答卷的文体格式没有严格的要求，考查的内容兼具时事性、逻辑性与应用性，因此，策论是最能体现考生综合能力的一种考试形式。

总而言之，明代最重要的科举文体是八股文和策论，所以时人有“本之以经义以求其实，参之以论策以观其用”之说，但论历史，策论要比八股文出现得早，可以说贯穿中国古代人才选拔的整个过程。汉代董仲舒于元光元年（前 134）答汉武帝诏问而作的《举贤良对策》（亦称《天人三策》）、北宋苏轼参加宋仁宗嘉祐二年（1057）礼部考试时所作的《刑赏忠厚论》等都是策论名篇。而在明代，科举考试的最后一场——殿试，考的就是时务策，漳州史上唯一的状元是明代长泰县的林震（1388—1448，字敦声），他在宣德五年（1430）写的殿试策论文章流传至今。当年殿试的题目是“为政致治之道”，林震第一段是这么写的：

> 臣对：臣闻致治之道，必以教养为先，而教养之道，当以得人为要。盖农桑所以养民，学校所以教民，是二者，衣食之本，风化之源，而君人者不可不以此为先务也。昔孔子之论治道曰：“既富矣，而必教之。”孟子之论王政，必以均田制、兴学校而为说者，夫岂无征之空言哉？然非得人，亦无以行之，故又曰：“为政在人焉。”

林震认为教养、得人二者为当务之急，提出重农、兴学的主张，又引用孔孟之说，立论得当，行文典雅。下面进一步论述体察圣人之心、承流宣化，重点在于“精择吏部之官，公行铨选之法；慎简风宪之任，务尽考察之实”，也就是从官员的选拔、监督、考核入手，有理有据，文气贯通，深得明宣宗赏识，林震因此从会试贡士第十五名被拔擢为殿试进士第一名。值得一提的是，当年该科进士一甲头名（状元）为漳州府长泰县林震，第二名（榜眼）为建宁府建安县（今建瓯）龚锜(qí)，第三名（探花）为兴化府莆田县林文，福建考生一举囊括前三名，“闽中一科三鼎甲”遂传为佳话。林震自幼家贫但为人孝友好学，砍柴耕地时必随身带着书本，学识渊博，高中状元后不慕荣利，恬淡自如。正统二年（1437），林震称疾告归，以读书自娱，非公事不到州县衙门，曾两次主持广东乡试，公正无私，号称得人，以清操亮节深受世人景仰。

黄道周潜心研习包括林震在内的历代科考名家的策论，除了为应付将来的考试之外，他还有一个惊人的计划：他想将自己写的时务策送到省城，甚至送到京城去，以耸动上听，实现自己“内圣外王”的远大抱负。这就不能不提到两位先贤——隋朝的王通和北宋的程颐对他的影响。而贯穿其中的，正是唐代诗人李贺在《致酒行》中说的“少年心事当拏(ná)云”。

王通（584—617），字仲淹，门人私谥“文中子”，他的著作名为《中说》。据《文中子世家》记载，隋文帝仁寿三年（603），王通刚二十岁，却慨然而兴大济苍生之志，于是西游长安，求见隋文帝。隋文帝在太极殿召见他，王通上《太平策》十二篇，提出尊王道、推霸略、重儒统、合三教等主张，稽今验古，陈述天下大势，如运于指掌。隋文帝与他相见恨晚，将王通的文章交给诸公卿讨论。但因为当时皇室内斗，朝政混乱，他的文章并没有引起重视，王通心里知道自己难有作为，于是“赋东征之歌而归”，而后讲学于河汾，弟子多达千人，其中不乏后来成为一代贤臣的杜如晦、房玄龄、魏徵等人。

王通在弱冠之年上书帝王，虽因各种原因未能如愿，但成为后世青年士子的楷模。著名的蒙学读物《三字经》将他列为诸子百家中最突出的五子之一：

“五子者，有荀扬，文中子，及老庄。”所以，此时的黄道周想要模仿王通上书帝王，也是可以理解的。后来黄道周在万历四十六年（1618）的乡试策论文章中将王通列入儒家道统，乃至与孔子并称：“若夫广六经之意，发自杼轴，适值其穷，近于仲尼之遭者，其唯王通乎？”崇祯七年至八年（1634—1635）黄道周在榕坛讲学期间，多次谈及王通，认为他所作的《元经》可与《春秋》相提并论。崇祯十二年（1639），黄道周在漳浦北山建十朋轩、九串阁敬祀历代五十六贤，王通赫然在列。这些都可见王通对他的影响之大。

另一个对黄道周影响巨大的少年豪杰是北宋大儒程颐（1033—1107）。据《伊川先生年谱》记载，宋仁宗皇祐二年（1050），十八岁的程颐学养深厚，胸怀宏大的政治抱负，游历京师，上书朝廷，劝仁宗以王道为心，生灵为念，罢黜世俗之论，同时请求仁

福建布政司
福建按察司
大理寺

宗召见他，以当面陈述所学，却无果而终。黄道周以程颐为楷模，想要上书君王以行大道。

黄道周上书的结局是可以预知的：十九岁那年秋天，他同时给福建布政司、按察司上时务策，畅谈如何治理闽粤海疆，但都如石沉大海，杳无音信；二十岁那年春天，他纵论天下时事，作洋洋数千言，欲往京城大理寺上书，被有司劝退。即使王通遇到赏识他的帝王，程颐生逢士人地位较高的宋代，二人也皆未能实现各自的志向，王道之难行于此可知，何况黄道周身处日薄西山、内忧外患的明末，且声名未达、才气未著，怎么可能以布衣之士、蓬门之家，以区区文字谈奇功伟业，打动执政者呢？

然而，正是布衣，才更具风骨。布衣，一般指平民百姓。但平民百姓并非没有见识，有时“肉食者鄙”，布衣者反而高明。王通、程颐上书时，皆未有功名，可谓布衣。王通在《东征歌》中说：“我思国家兮，远游京畿。忽逢帝王兮，降礼布衣。”他强调的，正是自己的布衣身份。程颐十八岁上书，一直到五十多岁仍未出仕，在元祐元年（1086）才“以布衣被召”，任崇正殿说书，但因为性格耿直，卷入党派纷争，不久就辞职回乡。而在黄道周之前，明初有漳州儒者镇海卫陈真晟(shèng)（1411—1473，字剩夫），于明英宗天顺三年（1459）效仿程颐上书，进《程朱正学纂要》，宣扬程朱心法，倡“主一”之说（强调慎独、立诚、主敬），尊崇与弘扬儒家道统，此时陈真晟也是一介布衣。他在参加省试时，听说有司防察士子过严，无待士之礼，就放弃考试，返回家乡，自号“漳南布衣”。稍后的龙溪隐士蔡烈（1479—1519），潜心学问，“力行好学，老而不倦，漳南又一布衣”。黄道周后来在邺山书院“与善堂”敬祀先圣先贤，其中就有程颐；而他敬祀的乡贤“九先生”中，也有陈真晟、蔡烈。

正是布衣身份，使他们的上书更具有一种风骨与力量，那是“天生我材必有用”的自信，是“位卑未敢忘忧国”的情怀，而贯穿其中的，实际上是中华文化史上源远流长的“布衣精神”。《史记》中记载“孔子布衣，传十余世，学者宗之”；李白称自己是“陇西布衣，流落楚汉”（《与韩荆州书》），却立志“为君谈笑静胡沙”（《永王东巡歌十一首（其二）》），他追求的不是功名富贵，而是“事了拂衣去，深藏身与名”（《侠客行》）；杜甫则称自己“杜陵有布衣，老大意转拙”，却“许身一何愚，窃比稷与契”“葵藿(huò)倾太阳，物性固难夺”（《自京赴奉先县咏怀五百字》）。在出处(chǔ)（出仕和退隐）进退之间，他们都体现出中国古代知识分子不计名利、一心报国的深沉情感。

这样我们就可以理解，黄道周后来与漳浦卢维祯、龙溪张燮等达者相处时，都以布衣身份论交而举动自如、毫不怯场；崇祯朝、隆武朝时，他向朝廷推荐人才也非常重视布衣之士，如称“博学多通，吾不如华亭布衣陈继儒”“同安布衣蔡鼎者，通诸兵家、象纬、阴阳之说，屡有奇验，非诸术家所及”；被诬入狱时，则称“狱中四十缙绅，不如烃(tīng)叔一老布衣远矣”。

二十岁的黄道周，心怀“少年心事”与“布衣精神”。少年热血，老而不凝，所以他在入仕之后屡次犯颜直谏；布衣精神，历久弥新，所以他在《洗心诗》中说“尘垢辞虞夏，波澜长布衣”。

但是，沉浸于读书与上书之中的黄道周并不知道，一场变故即将降临他们这个布衣之家。

第十三章

远去的故乡

深夜，黄嘉卿一家已入睡。突然，一阵急促的敲门声将他们惊醒。黄嘉卿心中诧异，披衣起来开门，只见两个兵卒装束、挎着腰刀的人站在门前，一个膀大腰圆，另一个短小精悍。小个子手持一张令牌，大声喝道：“你是否黄嘉卿本人？今奉令传唤你到所署问讯，不得拖延！”

黄嘉卿心中疑惑，但也不敢怠慢。他安慰焦虑不安的陈氏：“身正不怕影子斜，我跟他们走一趟，应该很快就能回来。”闻声而来的街坊指指点点，窃窃私语，不久也都散去，只留下陈氏一人彻夜难眠。

到了铜山所公署，黄嘉卿被拘禁在一间小房子里。他顾不了墙角传来的阵阵恶臭，也不去管蚊虫嘤嗡，开始冷静地思考这场无妄之灾：半夜传唤，可见事情紧急；没使用镣铐，似乎案情尚未明了。那会是什么事呢？他紧锁双眉，心中隐隐不安。

次日，他被提至所署大堂，一个长官模样的人高踞堂上，见了黄嘉卿，大声吼道：“黄嘉卿，有人告发你贩卖私盐，还不从实招来！”当听闻首告之人姓名时，黄嘉卿恍然大悟。

原来，黄嘉卿平时热心公益，扶危济困，赢得不少赞誉，但也得罪了一些人。东门黄氏宗族次房有个叫黄奇的，比黄嘉卿小一辈，平日里游手好闲，欺软怕硬，仗着有远房亲戚在镇海卫当差，混了个里长，曾因聚众赌博被黄嘉卿当众斥责。前不久，黄奇看黄氏大宗祠有两间侧房长期闲置，就想占为己有，改造成寓所，租给几个来铜山做生意的外地人。黄嘉卿听闻此事，立刻前去阻止。黄奇忌恨在心，但因为理亏，不敢与黄嘉卿正面交锋，于是使出阴招，诬告黄嘉卿贩卖私盐，以报私仇。

在中国古代，凡涉及盐、铁、茶、酒等重要的生活物资的买卖，都蕴藏着巨大的经济利益，是国家垄断，还是让利于民？是实行专卖制，还是采取征税制？一直是个问题。先秦时期，盐一般只作为土贡上缴一部分给国家；管仲相齐后，兴盐铁之利，实施专卖盐法。西汉桓宽的《盐铁论》，就是针对当时盐铁专营、酒类专卖等重大经济事务的辩论。此后各个朝代，盐基本上都由国家公卖，未获得官府颁发的盐引（宋代以后历代政府发给盐商的食盐运销许可凭证）的个人一概不得贩卖食盐，官府因此获得稳定的财源。如明代财政收入年均白银一千多万两，其中食盐专营收入就达数百万两。但因为供需失衡、利润丰厚等原因，历代皆有私人贩卖私盐之举，虽然官府对贩私盐的人处罚极严，但仍屡禁不止，以致成为严重的社会问题。朱子知漳，有感于“本州鬻(yù)盐，深为民害”，就先关闭十分之一的濒海盐铺，以待经界核实田亩，随地亩纳税一事完成，再整顿其余，可惜最终其功未成即离任。

漳州沿海历来产盐，铜山就有盐场。一些煮盐工会将剩余的盐私下售卖给商贩，所以当地确实存在贩卖私盐的情况。但黄嘉卿从未参与此事，为何会遭此飞来横(hèng)祸？黄奇称，黄嘉卿在铜山一直是居少离多，行踪不定，有贩卖私盐的嫌疑。真是欲加之罪，何患无辞！可是当黄嘉卿要黄奇提供证据时，他竟反过来要求黄嘉卿一一举证近年来于何时、至何地、做何事，而铜山所署居然支持黄奇的说法，但因一时查无实证，暂未发落，只得将黄嘉卿列入监控名单，要求他定期向里长，也就是黄奇报告行踪。

铜山是待不下去了。因此，当黄道周在大峰山顶临风喟(kuì)叹、感慨士不遇时，黄嘉卿在铜山毅然做出决定：全家搬离铜山，省得看小人的嘴脸。迁居地点最终选在了顿坑，毕竟，黄道琛在此地教书多年，已有根基，黄道周也曾寄居此地，对这里也比较熟悉，再加上路途不远、民风淳朴，顿坑是可以接受的新址。

令陈氏没想到的是，会有那么多人前来为她送行。她在忙着和各位远亲近邻寒暄时，也留意到了黄道周的发小、与母亲一起来送行的小海螺，小海螺如今已经长大成人，并且蓄了胡须。她感慨地说："小海螺啊，不要怪阿婶啰唆，人生在世，当知书明理，即使成不了圣贤，也要努力多读书，不可虚度时光！"小海螺憨笑着，用力地点点头。

铜山东门一带的女性，和中国绝大多数女性一样，往往把个人情感隐藏起来，只偶尔在土地公庙前，在灶头烟雾中，或在深夜的被窝里，偷偷流泪。但这一次，她们敬爱的陈大姐，这个教她们认得不少常见字，教她们剪出好看的窗花的陈大姐，要搬走了，以后见面可就难了，她们舍不得啊！有的哭成了泪人儿，有的只顾往陈氏的行囊里塞鸡蛋、紫菜等一切可以塞进去的东西，最后依依不舍地送至数里外！

相比陈氏，黄嘉卿看上去没那么多牵挂。临行前，他只是回头看了一眼挂上大锁的故宅，便转身离去。他没料到的是，此次离别竟是永别。

这一年，黄道周二十二岁。

侨居顿坑的日子，也不能说不好，毕竟一家人又团聚在一起，这是最重要的。如孟子所言，“父母俱在，兄弟无故”，乃人生三乐之一。黄道周从大溪归来，兄弟二人教书读书之余，在顿坑村民拨给他们的一亩三分地上耕种劳作，以贴补家用。黄道琛干起农活十分娴熟，犁田、插秧、打谷、种菜，样样皆通，不输老农；而黄道周自嘲“四体不勤，五谷不分”，因为平时多读书、少农作，干起活儿来确实缺乏“架势”。有一次黄道周锄了一天地，十指竟磨出了血，但他能吃苦，咬咬牙忍过去了。在躬耕南亩中，他亲身体验了陶渊明笔下“晨兴理荒秽，带月荷(hè)锄归”充满诗意和辛酸的生活，也真正读懂了这位田园诗人。在他后来引为同道的“五十六贤”里，陶渊明位列其中。

闲暇时间，兄弟俩多用功研习《周易》，切磋琢磨，常有所得。一日，两人早出，坐在松林边一块巨石上读《周易》，忽然感觉山林深处掀起一阵腥风，隐约伴有猛兽的低吼声，几只野兔从林中蹿出，蹲在石头下面瑟瑟发抖，二人同时想起《乾》卦《文言传》中所说的“云从龙，风从虎”，不禁惊慌失色。早就听说乌山一带有虎，不承想竟会在这里遇上！黄道琛屏住呼吸，缓缓地说：“无妨，听说早晨的老虎一般已经吃饱，不会伤人，我们不要轻举妄动就是。”黄道周说：“大哥，除《文言传》之外，《周易》中还有几处提到老虎，您可记得？”于是兄弟俩相继高声诵读《履》卦的卦辞“履虎尾，不咥(dié)人，亨”，《颐》卦的六四爻辞“虎视眈眈，其欲逐逐，无咎”，以及《革》卦的九五爻辞“大人虎变，未占有孚”……不知不觉中，红日高照，山林寂寂，虎迹风声，悄然消失，连先前躲在巨石下的几只兔子也不见了踪影，兄弟二人拊掌而笑。

平日里黄道琛、黄道周两兄弟在田间劳作，陈氏在家中纺纱织布，而黄嘉卿则偶尔给兄弟俩帮忙，但更多时候是在顿坑一带跋山涉水，寻幽访胜，聊寄闲愁。陈氏知道他内心依然不好受，也不多说，只盼他早日顺天知命。自从得知附近有老虎出没，陈氏就劝他不要走得太远。看到两个儿子最近在研读《周易》，黄嘉卿就从《周易》中给自己取了个别号。《乾》卦的《文言传》中有“遁世无闷，不见是而无闷”之语，意思是逃避世俗，心无烦闷；不被世俗认可，仍不觉得烦闷，颇合他此时的心境。而《周易》又有《遁》卦，下艮上乾，天高山远，有退避之象，其中九五爻辞说“嘉遁，贞吉”，仿佛也是为黄嘉卿而发。“诚如左思《咏史》诗所言：‘世胄蹑高位，英俊沉下僚’，我也不叫什么‘黄季布’了，就自号‘遁耕’吧！”黄嘉卿喃喃自语道。

“黄季布”，承载着多少难忘的往事！而故乡，就是你真正离开后才开始思念的地方。人，又何尝不是这样？所以，要好好珍惜身边的人。对于妻子，黄嘉卿总怀有一种难言的内疚与敬意。当年，他离开铜山到外地漫游，差点误了婚期；成亲后，陈氏孝敬婆婆，操持家务，无怨无悔。她怜贫惜弱，为人仁义，家中红白诸事都处置得当，以致将自身陪嫁的妆奁(lián)变卖殆尽，虽是女子，却颇有豪气。有一次，一个乡人有感于黄嘉卿仗义相助，牵了一只羊送到黄家表示感谢，陈氏屡辞不成，只得暂时收下，到了晚上，她又悄悄地将羊送回，系在他家门口。黄嘉卿听说此事，大喜道："知我心者，卿也！"可是这样贤惠的妻子，自己却不能给她安逸舒适的生活，反而让她跟着自己吃苦受难、担惊受怕，如今年过花甲还要背井离乡，实在惭愧。小儿道周最近又执着于上书当道，看似忽略了科举时文的练习，不知何时才能出头，为黄家争一口气？岳父称他将是黄家的荣光，自己对他的要求是不是过于严苛……

黄嘉卿心情极度矛盾复杂，忧思成疾，加上年底受了风寒，在第二年正月生了一场病。也许是顿坑附近的乡医医术有限，也许是人生大限已至，虽然家人衣不解带地精心照料，黄嘉卿还是一病不起。四月的一个午后，他环顾守候在身边的家人，留下几句遗言：“我死后不必葬回故乡，但道琛要返回铜山守护故宅、家庙，继承祖业；道周携母迁居漳浦，日后必有光耀门庭之时。希望你们兄弟同心，患难与共，忠孝传家，照顾好你们的母亲，我就没有遗憾了！”

陈氏握着黄嘉卿的手，心随之渐渐冰冷，兄弟二人放声大哭，声震屋宇。窗外，林鸟哀鸣，仿佛也在为他们伤心。

黄道周知道，自己从此失去了父亲。他多想父亲还在身旁，就算责备他，或者一言不发地看着他也好。那样的日子，永远不会再有了。

第十四章

哀续《离骚》动浦中

沉浸在悲痛之中的黄道周兄弟马上要面临一个严峻的问题，那就是如何安排好亡父的殡葬事宜，让逝者安息。

子曰：“生，事之以礼；死，葬之以礼，祭之以礼。”在中国，养生、送死都是大事，特别是丧葬祭仪，是礼的重要组成部分。《说文解字》中解释“殡”字：“殡，死在棺，宾遇之。”殡者，宾也，死者入殓后，须以宾客之礼待之。殡殓之后，要安排葬礼。《礼记·檀弓上》中说：“葬者，藏也。”由其字形可知，“葬”是将死者深藏于草莽之中。《礼记·王制》中记载：“天子七日而殡，七月而葬；诸侯五日而殡，五月而葬；大夫、士、庶人三日而殡，三月而葬。”后世大体依此而行。

黄家是庶人之家，如今黄嘉卿逝世，三日后就要入殓，但之前家人从未料到，也不忍心去想他竟然会一病不起，所以并未有所预备。突然遭遇不幸，诸事忙乱，家中又贫寒，单是一具棺木就要费不少银两，一家人一时不知如何是好。陈氏首先冷静下来，安排长子道琛在顿坑守灵，又让道周简单整理一下行装，赶回铜山，给至亲好友报丧。

当时闽南民间遵循朱子《家礼》，《家礼》中关于“丧礼”有这样的记载：亲人过世之后，一般请亲友中知礼干练的人担任“护丧”“司书”等职，发布“讣(fù)告于亲戚僚友”；若没有这个条件，主人家就必须自己去通知亲戚。

于是黄道周身穿孝服，满怀悲痛，奔赴铜山遍告亲友。听到黄嘉卿逝世的噩耗，众人都叹息不已，为他伤心落泪，也都各献赙(fù)礼，聊寄哀思。

献赙礼，即赠送钱物以助丧事，既表达对死者的哀悼之情，也是一种民间互助形式。黄道周带上亲朋好友赠送的赙礼，连夜赶回顿坑，没有船只，就走山路，因为连日奔波操劳，加上心情悲伤、精神恍惚，快到家中时，他猛然发现系在腰间的那包赙礼不见了！

这可如何是好？黄道周大惊失色，立刻转身按原路返回寻找，脑海中不时浮现出父亲苍白的脸、母亲微驼的背……他无法想象如果找不到这包赙礼的话，会有什么样的后果。人在绝望的时候是哭不出来的，他瞪大眼睛四处寻找，一路山风呼啸，日色无光。人生的不幸，也许莫过于此了。

也不知往回走了多远，在一座山的拐角处，黄道周远远看到一个人倚着锄头，迎风伫立，好像在等人。他的心怦怦直跳，飞奔过去。这是一位老人，慈眉善目，手中捧的正是他丢失的包裹！他喜极而泣，一屁股跌坐在地，放声大哭。

原来，老人一大早出门去收拾自家种在山坳的荔枝、龙眼等果树，回来时看到路上有一个布包，他走近打开一看，里面竟装着一些碎银散钱，于是

就站在原地等待失主。他说：“我想遗失包裹的人一定很着急，远远看到你穿着白衣裳跑过来，我真是长舒了一口气，总算没有白等，如今物归原主，我也该回去喽！”

黄道周从路边挪来一块大石头，恭恭敬敬地请老人坐下，然后“咚咚咚”地给老人连磕了三个响头，说：“您的大恩大德，晚辈今生难忘，日后一定报答！”

老人说：“年轻人不必多礼。人同此心，心同此理，孝顺之人，老天爷看着呢！”

接下来的事还算顺利，邻居们也竭尽所能地帮忙，黄嘉卿终于得以安然入殓停柩，等待合适的日子安葬。

就在黄道周守孝期间，里长带着两个人来到他家，说是漳浦县衙的差役有事要找他。来者礼节恭谨，称黄道周此次考试成绩优异，县令请他去县城一见。

原来，此前二月是漳浦县试的时间，黄道周被当时已经卧床不起的父亲硬逼着去参加考试：“这么多年读书是为了什么？你不去应试，即为不孝！”于是黄道周不得已到县城参加考试，在最后一场考完的当天就连夜赶回顿坑。四月，父亲逝世，他更无心打听考试结果。如今漳浦县衙来人，立等回复，但亡父尚未下葬，黄道周哪里有心情出门呢？

陈氏思忖了一会儿，对黄道周说：“你还是跟他们走一趟吧。县令大人慧眼识才，你虽丧服在身，但也应当前往，亲耳聆听长者的教诲，告慰你父亲的在天之灵。这里有你大哥在，尽管放心。”母命不可违，黄道周只好随来人启程。

漳浦县令黄应举永远忘不了初次见到黄道周的情景：一个二十来岁的年轻人，白衣白冠，急趋而至，脸色憔悴，神情枯槁，像屈原披发行吟，却难掩一股沉潜不拔之气。而这个年轻人见到自己，就拱手长揖，大声说：“我黄道周命运坎坷，如今子欲养而父不在，不能事亲，又怎能有幸侍奉长者？今日一见大人，得偿所愿，请允许我回去守护父亲灵柩吧！”

黄应举此前审读过黄道周的应试文章，尤其是策论，慷慨激昂又有沉郁顿挫之气，令他不禁击节赞赏。他一直以为文如其人，黄道周或许长得魁梧雄伟，不然，就如不得志之时的贾谊、公孙弘等人一般，却没想到竟是这样一个年轻人。他说：“黄君事迹，本官略有所知。本次县试，你的文章无人能出其右，我本来打算让你名列第一，录为本县案首，但因你有孝在身，依国朝礼制，不能入学。不过，来日方长，你金榜题名当不在话下，成为国之栋梁也指日可待，你要多努力！”

黄道周很是感动，说：“多谢大人褒扬，晚生定当尽力为之。”

黄应举忍不住又问：“你的文才我早有耳闻，你在考场所作时文、策论及试帖诗，不足以看到你文章风格的全貌，请问是否还有其他作品，能否容我拜读一番？”

见县令如此礼贤下士，黄道周虽略有顾忌，但还是打开了背囊，在随身携带的书卷中，取出最近新作的《续离骚》，双手递给黄应举。

黄应举刚读到《续离骚》中的《自序》，就不禁泪湿青衫：

> 道周少负节，不合于俗，十年于世，动见弃摈。穷不能治蔬絜，以忧其亲，每负米数千里外，必为风雨疾病所摧折。乡里之人至目为放浪之士，益轻其亲，罗网缯弋（yì），几于上下。既处浊世，僻远海外，不足有明，于是其父悲郁侘傺（chà chì），负奇以死。道周时年二十有三，不能自具殡敛，又窜于荒崖穷谷之间，无戚属知故之助，嗟哉已矣！……

在这篇序中，黄道周深责自己不能有所作为、替家人分忧，以至于父亲被族人歧视，乃至遭遇中伤诬陷，最终迁居避世，郁郁而终，自己又无力操办丧事，丢失赙礼，悲从中来，不可遏止，故用长于写怨的“骚体”来抒发悲愤愧疚之情：

> 羌黔雷之弃厥孽须兮，置罔㝗(láng)而不字。肆余祖于彼霄兮，𤒻(bìn)瑟噒(lián)䜬(guà)而不吾睨……暨始龙梦彼乾精兮，嵌镠(liú)镏(liù)其若铠；趩(chì)崫(kū)崪(zú)而毯(tàn)舑(tān)兮，旋盘磗于腑内……

屈原信而见疑，忠而被谤，于是忧愁幽思而作《离骚》，以楚语、楚声而歌楚事、楚物，称为“楚辞”，形成与《诗经》双峰并峙的中国诗歌两大源头，而屈原也成为后世忠君爱国的典范。黄道周有感于屈原投江殉国的悲剧，续作《离骚》，极力抒写父亲去世后伤心欲绝的心境，同时也表达了父亲望子成龙、赍(jī)志而没(mò)，而自己却怀才不遇的悲愤心情。

第十四章

哀续《离骚》动浦中

黄应举是广东南海人，字宏选，号青霞，万历三十二年（1604）进士，万历三十五年（1607）任漳浦县令。他也是幼年不幸，父母早逝，所以读到黄道周这篇序时，心有戚戚焉，竟流下泪来。此后他将黄道周《续离骚》二卷（亦称《离疚》上下篇）刊行，并为之作序，可谓是黄道周最早的知音、伯乐之一。

后来，黄道周将屈原列入其偶像群体“五十六贤”的“九串阁”诸贤之首，并模仿屈原创作数十篇骚体诗，如《九戾（lì）》《九绎（yì）》是模仿屈原的《九章》，《九诉》是模仿屈原的《九歌》；屈原有《天问》《招魂》《大招》，他有《续天问》《续招魂》《刘招》，等等。黄道周以身殉国前，还创作了带有总结性质的《謇（jiǎn）骚》。由此可知，黄道周一生对屈原骚体诗的仿写、续写是有意识的，其规模、格制在辞赋史上非常罕见，其作品融合了自身的家国之痛，可称为屈子千古之同调。

黄应举气度不凡，为政廉明，善于识人，被漳浦百姓称为“神君”。黄道周的文章自从经过黄应举的鉴评，黄道周的雅号“黄文学”之名便传遍漳浦，漳浦的文士都争着要认识他，其中不乏名公巨卿、士林领袖，如退休在家的前户部侍郎卢维桢、云南布政使薛士彦、深州（今河北衡水深州）知州林茂桂等人。

卢维桢（1542—1610），字司典，历任太常博士、吏部主事、大理寺卿、户部侍郎等职，为官正直敢言，因得罪当道，上疏致仕，归居漳浦，与黄应举相友善。黄应举离任时，卢维桢为其作《〈黄青霞父母德政录〉后序》，盛赞其为“纯吏”，二人相知颇深，所以卢维桢也是最早认识黄道周的学者之一。卢维桢后来也为黄道周的《续离骚》写了一篇序文，其中说道：

哀续《离骚》动浦中

屈子以为君，黄子以为父，其所维系者大矣！兹续也，宁独以其词乎哉！

卢维桢认为《离骚》确实不易续写，但黄道周所作的续文并不是因为写得像《离骚》而值得称道，而是因为他抒写的忠孝至情是政治教化的根本，所以说“维系者大”，真是有远见。他相信黄道周以后一定会以杰出的成就使他父亲的声名得以显耀。他还热情邀请黄道周来漳浦时，一定要住在他家里。卢维桢比黄道周年长四十三岁，且曾为朝廷大员，竟如此看重一个二十出头的年轻布衣，实属难得。

薛士彦（1545—1625），字道誉，曾督学秦、楚，历任广西右布政使、云南左布政使等职，其学来源于阳明后学、泰州学派的罗汝芳，致仕回漳浦后，在梁山山脚下建“共学堂”，讲学育人。黄道周曾游学至薛士彦门下，切身体会书院讲学论道的盛况，并进一步了解阳明学的发展变化。

林茂桂，字德芬，万历十四年（1586）进士，中会试第四名，善诗文，任深州知州时，一心为民，得罪权贵，遭中伤罢归，安贫乐道，与张燮、王志远、郑怀魁等人结玄云诗社。后来正是林茂桂携黄道周到漳州，将他引荐给玄云诗社的名士，使黄道周的名声由漳浦传至漳州，开启了他人生的另一个新阶段。特别是在漳州，黄道周结识了张燮这个一生的挚友。

此时，二十三岁的黄道周，处在丧父之痛与知遇之恩、生活拮据与前途无量的回旋中，他能静下心来读书求仕、完成父亲的遗愿吗？

第十五章 结缘张燮

在黄道周生活的时代，漳州一度是全国瞩目的地方，因为这里有个月港。

月港，位于漳州九龙江出海口，江面开阔，内接山涧，外通海潮，因其港道形如半月，故称月港。月港水陆交通便利，经济腹地广阔，可自福建辐射至赣、粤、浙、湘，乃至江淮等地。

自郑和下西洋之后，明朝逐渐实行海禁政策，由此带来不少弊端。嘉靖年间倭患、海盗猖獗，即与此有关。隆庆元年（1567），明朝政府在月港开设“洋市”，“准贩东西洋”，月港成为明代中后期唯一合法的民间海外贸易港口，海澄县因此而兴起。到万历年间，月港贸易盛况空前，每年进出港口的大海船达两百多艘，来往于今天的菲律宾、印度尼西亚、朝鲜、日本等地，输出的商品有丝绸、陶瓷、纸张、茶叶、铜铁器、砂糖等，输入的商品有胡椒、香料、象牙、西洋布、槟榔、樟脂等，共计上百种之多。西班牙商人的“马尼拉大帆船”又把从月港运来的商品运往美洲墨西哥阿卡普尔科港。漳州就以这样的方式参与了当时的世界海洋贸易体系，并如张燮在《清漳风俗考》里说的，“忽而声名文物，为东南一大都会”。

商品的流通、经济的发展带动了文化的繁荣，漳州社学、书院及文人结社大量涌现，参加科举考试及中举、为官的漳州人也随之增多，而海外贸易的发达、异域文化的输入又使漳州人的眼界变得开阔，诞生了张燮的《东西洋考》、吴朴的《渡海方程》等海外交通史名著。

张燮生于万历元年（1573），刚好比黄道周大十二岁，字绍和，号汰沃，别号海滨逸史，龙溪锦江（今龙海市石码镇）人，后迁居漳州郡城。张燮家学渊源深厚，父亲张廷榜、伯父张廷栋都是进士出身，他十岁通五经，兼览史籍、百家之书，二十二岁中举人，二十七岁结成霞中诗社，与蒋孟育、郑怀魁、高克正等人诗酒酬唱。不管是“霞中十三子”，还是“玄云七子”，张燮都名列其中，而且年龄最小。因此，张燮在三十六岁结识黄道周时，虽然《东西洋考》《七十二家集》等名作还未成书，但已经是漳州文化界的名人了。而就是这样的人，也非常钦佩黄道周的才学。

万历三十六年（1608）初夏四月的一天，漳州郡城芝山下的张氏霏云居中，清风拂槛，日透轩窗，高朋满座，言笑晏晏，黄道周第一次见到了众多仰慕已久的漳州名人：以文采风流为时人所重，曾任宜兴县令的平和县人陈翼飞；以善作古今文著称于世，任南京吏部侍郎的龙溪人蒋孟育；任西川按察使的长泰人戴燝（zhǔ），他号称“腹满书籍”，工于吟咏，眉山三苏祠“一门父子三词客，千古文章四大家”就是他的手笔；任翰林院检讨的海澄人高克正，是漳浦高东溪的后裔，为文博雅，有大家风范，他自书书斋楹联“桑梓之地，何意气可以加人；名节所关，即锱铢犹若浼(měi)己”，成一时名言。当然，还有霏云居主人张廷榜、张燮父子等人。

林茂桂是这么介绍黄道周的：“黄君幼玄，七岁读父书，过目成诵；十岁作古文词，如有神授；十四岁作赋，声动博罗；最近作《续离骚》，名震漳浦。律吕、《易》象乃至经史百家之学，无不深入研究，而且为人孝友忠信，县试第一，因有孝在身未入县学，如此人才，诸位博闻多识，可曾见过？”

在众人的啧啧称叹中，黄道周都不好意思了，连声辞谢：“德芬先生谬赞了，后生晚学，德薄才疏，闭门造车，牖(yǒu)中窥日，还望各位前辈多多指教！”

文人雅集，大家无所不谈，黄道周作为主宾，毫无怯意，所说多为新论，令人耳目一新。他回答蒋孟育问《周易》的《大畜》卦，侃侃而谈，出入玄理，于是张燮赠给他一个新的字“参玄”。在这种宴会上，诗文歌赋也是必不可少的，大家畅谈之余，又拈取诗韵，得《平水韵》的“微”部，每个人都写了一首诗，众人品酒论诗，不觉日影西移。黄道周尚在守孝期间，不能饮酒，但是感到这里学问气氛浓烈，陶然忘归。目前保留下来的张燮的诗，可以说是对当日聚会情形的一个总结：

千秋吾道未全非，有美初过逸兴飞。
共信长鸣收骥枥，何知至旰（gàn）尚牛衣。
轻风促席低黄鸟，落日移樽傍翠微。
就此往还无不可，主人原与世情违。

“有美初过逸兴飞”，说的是黄道周第一次参加这类雅集，就令众人倾倒，愿意和他长期交往，这里张燮用了《诗经·郑风·野有蔓草》中的典故：“野有蔓草，零露漙（tuán）兮。有美一人，清扬婉兮。邂

逅相遇，适我愿兮。”他们都坚信黄道周一定会有一鸣惊人的一天。自古文人相轻，但当时这些名流俊彦却爱才若渴、惺惺相惜，确是漳州的一大盛事，而黄道周可谓一举成名。

从此黄道周每次到漳州，都住在霏云居，这里既有很多图书，又有主人张燮这个知己。张燮的父亲张廷榜为官清正，不屑逢迎上司，罢归回到漳州，有很多士子向他请教学问。张燮的堂弟张绍科比黄道周年长十岁，非常敬佩黄道周的学问，多年以后，黄道周在邺山书院讲学，张绍科竟以古稀之年对黄道周行弟子礼，成为一段佳话。张燮自称“琅函万轴，著述满家”，说他家中藏书万卷，著作等身，这不是夸大之词，要知道在明末，龙溪张燮可是与侯官曹学佺、晋江何乔远并称“闽中著书三大家”。后来黄道周在向崇祯皇帝推荐人才的《三罪四耻七不如疏》中说：“雅尚高致，博学多通，足备顾问，则臣不如华亭布衣陈继儒、龙溪举人张燮。”

“雅尚高致”数语，并非过誉。张燮身材短小，却英气内敛，识见不凡，当时他正在谋划编纂的《七十二家集》，是一个具有重大学术价值又旷日持久、耗资巨大的工程，其中就有《增订阮步兵集》《重纂嵇中散集》。张燮评论道：“阮公旷，嵇公隽；阮公颓然自放，欲浊其身；嵇公轩然直上，期迈于往。”黄道周深为叹服，认为他是嵇康、阮籍千百年后的知音，并发愿："今后如果有机会，一定参与这一盛举，协助绍和刊刻完成这套丛书。"

不管是住在漳浦卢维祯府中，还是漳州霏云居，也不管主人如何深情厚意、诚挚相待，黄道周认为毕竟都是客居在别人家；而父亲要自己移居漳浦、接近更多贤者的遗命，是经过深谋远虑的，也是必须去执行的。于是到了次年五月，三年（实则头尾二十七个月）守孝期满，黄道琛即携妻儿返回铜山故里，黄道周则择日携母从顿坑启程，正式移居漳浦东郊。他在《徙泽记》中感叹说："计吾生世，稍有知识，未二十载，三移其居焉。"但他不知道的是，此次移居之处后来成为他讲学的明诚书院，即今天的黄道周纪念馆。

陈氏环视虽然简单但设施基本齐备的东郊草堂，微笑着对黄道周说："现在有了新家，好像还缺个'新人'。道周，你还记得以前曾问我'男女为什么要结婚'这个事吗？"

黄道周不禁失笑。当年在博罗，有好几家人要和他提亲，他不知所措，写信问母亲：“男女匹配是为何故？”如今一晃十年过去了，父丧已毕，自己也已经二十五岁，到了不得不谈婚论嫁的时候了。

在古代，男子行冠礼之后，就可以娶妻，举行婚礼。婚礼是人生大事，《礼记·昏义》中说：“昏礼者，将合二姓之好，上以事宗庙，而下以继后世也。故君子重之……故曰：昏礼者，礼之本也。”中华文化之所以能“生生不息”，与婚礼关系密切。但是，他们一家离开铜山已有多年，在顿坑只是过渡，现在又刚到漳浦，人生地不熟，黄家的“新人”何处去寻呢？

长者林茂桂一直关心黄道周，把他视为忘年交，对他既赞赏提携，又鼓励鞭策。漳州一行，他除了到张燮家中参加名士宴集，还带黄道周游览芝山上始建于唐朝的开元寺。多年以后，黄道周在邺山书院讲学时，面对座中众多年轻的面孔，提起这段经历，仍是悠然神往：“我二十多岁时，与丹台林公一同到郡中寺庙，见大雄宝殿中佛像广受信众膜拜，林公问我：‘你知道他们拜的是谁吗？’我说：‘应该是大聪明、大智慧之人吧。’我以为我的回答算是不错了，没想到林公的回答令我动容，他说：‘这些都是经历了无数劫难的劳心苦行之人，具有舍己利人的精神。吾辈硬挺脊梁，钻坚仰高，今后也可受人拜谒。’这话让我醍醐灌顶，受用终身，但我不求受人拜谒，只愿挺直脊梁，做一个堂堂正正的人。所以后生求学问道，岂可不亲近前辈？”

弟子们肃然称是。当然，黄道周不知道的是，两百年后自己也因文章气节入祀孔庙，成为后人膜拜的对象。

其实，林茂桂本身也是一个“劳心苦行”的人，他生于漳浦陆鳌海边，自幼家贫，白天挖牡蛎，晚上苦读书，考上举人后，还亲自淘井，差点被土方湮(yān)

没。林茂桂与另一个自己上房收拾瓦片的太常寺卿王应显齐名，所以当时漳浦有谚语这样说：“太常捻瓦，孝廉淘井，两条冰身，金寒水冷。”林茂桂官至深州知州，但退休后在漳浦县城的住所还是租借的。黄道周后来在《林深州传》中深情地称其“卓哉我公，为我矜式”，将他作为自己的榜样。

因此，这样的林茂桂要是关心起黄道周的终身大事，可想而知，他首先考虑的不是家世，而是人品。他给黄道周介绍的结婚对象，是自己的一个宗亲的女儿，家境平常，但朴实贤淑，十分孝顺父母。陈氏欣然同意，黄道周也没意见，于是黄家按朱子《家礼》，行纳采、纳币、亲迎等礼仪，择日成亲。婚后，林氏孝顺婆婆，夫妻相敬如宾，一家非常和睦。

成婚后的黄道周，接下来要做的事是在各位贤达的支持、勉励下，顺利通过考试，取得功名，在“学”与“仕”的徘徊中，找到一条属于自己的路。

第十六章

一波三折的科举之路

两年后，也就是万历三十九年（1611），二十七岁的黄道周第二次参加县试，再次名列第一；随即他又去漳州参加府试，还是名列第一。而他这时还只是“童生”。

明代的县试、府试，是可以获得正式出身的科举考试（院试、乡试、会试及殿试）之前的预备性考试，两次考试都入围的，才有资格参加院试，考取生员资格（俗称“秀才”）。因此，在还没成为秀才之前，考生即使通过了县试、府试，也都称为“童生”。县试、府试、院试这三项考试统称为“童试”，也称“小考”（相对于乡试“大比”而言）。其中，院试最为关键。

明代各省都设提学官，由按察司副使或佥事担任，分管学校、考试相关事宜，身兼官、师双重职能。院试就是由提学官主持的考试，因其办公衙门称“学院”而得名。院试在提学官巡视该省所属各州府时举行，三年两试，分岁考和科考两级。岁考即童生“入学”考试，录取后即为秀才，可入府学、县学就读；科考则是对已入官学学籍的秀才进行考试，成绩优秀的考生才可以参加乡试。这样层层选拔，淘汰率很高，所以白发苍苍仍是童生的大有人在。

次年六月，福建提学官冯烶（tǐng）主持漳州院试。阅卷时，他被一篇《一岁寒暑之候论》的文章吸引了，卷面书法秀丽，蕴含遒（qiú）劲之气，内容精深，旁征博引，论述严密，富有新意，如果不是熟知天文地理的博学之士一定写不出来这样的文章。冯烶当即拍板，直接将这篇文章的作者录取为秀才。揭榜时，大家才知道此文是黄道周所作。

其实，这篇文章的灵感源于两年前一个春日初升的上午，黄道周与“玄云七子”之一的郑怀魁的一场对话。

郑怀魁（1563—1612），字辂（lù）思，号心葵，龙溪人，读书过目成诵，九岁就能写文章，以博奥著称，尤其擅长骈体文，有人将他和他弟弟郑爵魁比作苏轼、苏辙兄弟。郑怀魁进士出身，历任户部郎、括州（今浙江丽水）知州、浙江观察副使，为官忠于职守、不惧权贵，致力于兴教恤民，在浙江观察副使任上仅一年，就被流言蜚语中伤，拂衣归乡。

黄道周初到郑怀魁的居处——葵圃，只见满园葵花迎日盛开，园中一处空地上堆筑起三尺平台，上面安放着一具青石制成的日晷(guǐ)。郑怀魁手持一把铜尺，正在日晷上比画着，郑爵魁则在一旁做记录。

看黄道周也饶有兴致地观察日晷，郑怀魁微笑着说：“黄君对此也有研究？”

黄道周谦虚地说：“晚辈只是读过《史记·天官书》《汉书·天文志》等几种史志，略知皮毛而已。”

郑怀魁说：“那我请教你几个问题，北极星什么时候位于头顶中天？圭(guī)表的倒影什么时候处于南方？

日出和日落什么时候不是在卯时（上午五点到七点）和酉时（下午五点到七点）？”

黄道周目瞪口呆，人生第一次感到手足无措。

郑怀魁哈哈大笑，换了个话题，和他谈起《史记》《汉书》中人物列传的写法优劣，这才缓解了黄道周的尴尬。

其实，郑怀魁问的问题是基于当时从西方传入的地圆学说，与中国传统主流的地平说、“天圆地方”观有所不同，其实只要有南北半球的概念，并不难解释。临别前，郑怀魁送了几册当时辗转翻译过来的西洋历书给黄道周，并意味深长地说：“黄君文质彬彬，博学笃志，我中华文化源远流长，如果能思接四海，兼容并蓄，来日成就必不可限量。”黄道周心怀感激，长揖而别。

这次经历，让黄道周对《周易·贲(bēn)卦·彖(tuàn)传》中“观乎天文以察时变，观乎人文以化成天下”这句话有了更深的感悟。他从此痛下苦功，学习古今中外天文、历法、数学知识，每逢天气晴朗的夜晚，就搬一张竹凳坐在院中仰观天象，布筹运算，终于有一天豁然开朗，顿悟南北中分、阴阳赢缩①的道理，并将它与《易》学研究相结合，独成一家。

---

① 赢缩：长短。

通过院试，黄道周只是牛刀小试。明代乡试，每三年一考，逢子、卯、午、酉年举行，这一年正是壬子岁，是大比之年。正当大家都认为黄道周本次乡试必然高中的时候，命运却和他开了一个玩笑：在两个月后的福州乡试中，他落第了。

在科举时代，决定考试成败的因素是复杂多样的，试卷命题的内容、考生的临场状态、阅卷官与主考官的个人喜好等都会左右考试结果。在张燮等师友的鼓励下，黄道周并不气馁。万历四十二年（1614），三十岁的黄道周在院试科考中取得第五名，再次获得参加次年乡试的资格。

都说“三十而立”，这次乡试应该能顺利通过吧？这次乡试，黄道周从容作答，在三场考试中皆如行云流水，一气呵成。对本次考试，他颇有信心。

是啊，如果不是“违式”，主考官本来要录取黄道周为“解元”，也就是乡试第一名。

原来，明代科考要求极严，如果卷面出现该避讳而没有避讳的字眼、试卷写作不规范（如写到“圣”“谕”等字时未顶格）、有污损涂抹、书写字体未按要求，甚至是“草稿不完者”，均会被当作“违式”，取消本次考试成绩，试卷还会被公示。黄道周正是在第二场的一篇诰文中，犯了没有顶格写的错误，被阅卷官拎出来作为典型；而本次主考官来宗道、姜性及福建提学官郑三俊，为了确定黄道周是否违式一事彻夜讨论，最终还是判定他违式。当年外祖父对父亲说过的话，似乎在黄道周身上被证实了。

对于第二次乡试落榜，黄道周并不太在意。他将更多的精力放在学术研究上，继续遍研五经，写出了《易本象》《诗表》《春秋揆(kuí)》《太咸经》等诸多著作，可谓废寝忘食，夜以继日。落榜后，他只是觉得愧对家人，尤其是母亲。毕竟这些年来，自己除了官府发放给正额生员的廪(lǐn)膳——每月六斗米的补贴，以及偶尔替一些亲友撰写序、传、碑记等文章得到的若干润笔费外，并没有其他收入。《孝经·庶人章》中说：“用天之道，分地之利，谨身节用，以养父母，此庶人之孝也。”如今看到母亲一大把年纪还要做针线活，看到妻子林氏到鹿市街买菜只挑便宜的买，看到女儿黄子本还穿着去年的已经显短的衣服，作为一个男人，他内心很不是滋味。

“还是重操旧业吧！”黄道周对自己说。

当然，现在的黄道周已是秀才，更是漳州知名的学者，他不只能当“蒙师”，更可以当“经师”了，但他真正想当的其实是“人师”。他希望能遇到一些青年才俊，将自己的文章、学问乃至对人生的体悟传授给他们，让他们成长得更快、更好，为这个社会多作些贡献。

这样的学生，还真的有。听说黄道周要在东皋(gāo)书舍讲业授徒，漳浦丹山的张若化（字雨玉）、张若仲（字声玉）兄弟慕名而来，后来得黄道周“明诚”之学与《易》学之传，一个考中举人，一个成为进士。崇祯十三年（1640）黄道周入狱受刑，张若化身着青衣小帽，乔装成杂役混入监狱，侍候黄道周起居；明清鼎革之际，黄道周慷慨就义，张氏兄弟则隐居于丹山，义不出仕，当时人们称他们是“国之颜子”，将他们比作孔门的颜回。

除了二张，铜山的二陈也来了。陈士奇、陈瓒后来都在天启五年（1625）中进士，最终都在四川“流寇”之变中壮烈牺牲。他教授的学生还有漳浦刘履丁（字渔仲）、铜山刘善懋(mào)（字公浣(huàn)）……黄道周博学善教的名声，一直往南传到了潮州知府詹佐雨的耳中。正在为自己的孩子寻觅良师的詹太守立马派人带着厚礼来漳浦聘请黄道周，不过黄道周因为思念家人和那些翘首以盼的弟子们，只在潮州教了两个月，就回到了东皋书舍。

虽然詹太守以礼相待，他的孩子也很聪明，但在黄道周的心中，那些寒门子弟更让他牵挂，尽管他们给的束脩非常微薄。在官宦之家只教个别学生就能领取高薪，比不上在自己的蜗居授徒，既能享受天伦之乐，也能与心爱的弟子们谈心论道，教学相长。孟子说的“得天下英才而教育之”，确实是人生至乐之一。

漳浦是千年古县、大县，有钱有势的人很多。有些富贵人家要送孩子来向黄道周学习，但为人势利又无知，黄道周屡拒不得，只得想了个办法：他紧锁书房大门，只在西墙开了个小口，形如狗洞，只容一人俯身钻入，然后躲在房中，宣称在撰写新作，闭门谢客，亟须问业者，须从洞中进出。这一招挡住了那些权势之家，他们不愿让自己孩子的尊贵之躯出入狗洞，黄道周也因此乐得清净。而他的几个得意弟子当然无所谓，该来时还是会来，还因此戏称自己是“黄先生门下走狗”。而只有四岁的女儿最兴奋，在洞中进进出出，不时来找父亲玩，让黄道周无可奈何。

时间过得很快，转眼到了万历四十六年（1618），又是大比之年。三十四岁的黄道周在院试中再次名列第一，在八月乡试之前，提学官岳和声请他先到福州讲学，然后入贡院参加乡试，颇有点提前“广而告之”的意思。黄道周果然不负所望，获得本次乡试第七名，终成举人。

其实，黄道周本可以得到第一名的，但“解元”的荣耀再次与他擦肩，只因他写的策论太过犀利。

当年乡试的策论考试，以“治道”为第一问，黄道周以《尚书》之“无逸”，抨击明神宗怠于朝政、勤于养生，致使小人竞相进献无为长寿之说，大臣尸位素餐、言不及义。这般直言敢谏，令考官丁绍轼在填写第一名的时候犹豫了，最终将其列为第七名。他写的《相权》《党祸》《边防》等策论也有不少真知灼见，其忧国忧民之心一览无遗；而《正学》一篇，则对宋儒的道统观提出批评，并提出“豪杰之与儒者，均之可为圣人”，体现出宏大的历史观与深厚的学术思想。

黄道周中举的消息传回漳州，朋友们举杯为他庆祝，黄道琛在铜山家庙燃起了鞭炮，而东皋书舍中，陈氏在丈夫灵位前焚香祷告：“嘉卿，你的儿子要去京师了。”

千里风雨，无数山水，还在前方等着黄道周。

结 语

泰山不让土壤，故能成其大；河海不择细流，故能就其深；士人转益多师，故能成其学。在人生悠远的旅途中，跨越的每一座山，跋涉的每一条河，遇见的每一个人，经历的每一件事，都将成为我们生命的一部分。

时光流转，清乾隆十六年（1751），福建巡抚潘思榘（jǔ）在东门屿昔日黄道周读书的云山石室题下一联：

仰止高山，已表儒林首出；

溯游学海，群推道岸先登。